"十一五"国家重点出版规划项目

新时代新农村建设书系
社会主义新农村建设理论探索系列
中国五村启示录丛书

城镇化与新农村

浙江项东村个案研究

URBANIZATION AND NEW COUNTRYSIDE

A CASE STUDY OF XIANGDONG VILLAGE, ZHEJIANG PROVINCE

胡必亮 文　李玉祥 摄影

重庆出版集团　重庆出版社

图书在版编目（CIP）数据

城镇化与新农村：浙江项东村个案研究 / 胡必亮著；
李玉祥摄.—重庆：重庆出版社，2008.4
（新时代新农村建设书系.中国五村启示录丛书）
ISBN 978-7-5366-9073-8

Ⅰ.城… Ⅱ.①胡…②李… Ⅲ.乡村—城市化—研究—苍南
县 Ⅳ. F299.275.54

中国版本图书馆CIP数据核字（2007）第138014号

城镇化与新农村——浙江项东村个案研究
CHENGZHENHUA YU XINNONGCUN
——ZHEJIANG XIANGDONGCUN GE'AN YANJIU

胡必亮　文　李玉祥　摄影

出 版 人：罗小卫
责任编辑：夏树人　叶麟伟
美术编辑：郭　宜
责任校对：何建云
封面设计：重庆出版集团艺术设计公司·王　娅
版式设计：郭　宜　魏　红

重庆出版集团
重庆出版社　出版

重庆长江二路205号　邮政编码：400016　http://www.cqph.com

重庆市金雅迪彩色印刷有限公司制版印刷
重庆出版集团图书发行有限公司发行
E-MAIL: fxchu@cqph.com　邮购电话：023-68809452
全国新华书店经销

开本：720 mm×1 000 mm　1/16　印张：7.25
2008年4月第1版　2008年4月第1次印刷
定价：26.00元

如有印装质量问题，请向本集团图书发行有限公司调换：023-68809955转8005

内容提要

　　浙江省温州市苍南县的项东村20世纪80年代曾经是全国闻名的经济发达和政治先进村。但伴随与其相距仅10多千米的农民城——龙港镇在90年代初期的崛起，村里的人才、资金、企业纷纷向龙港聚集，村庄发展受到了极大的影响。在新农村建设过程中，如何处理好城镇发展与其周边乡村发展之间的关系，走出一条城乡统筹、协调发展的新型城镇化道路，是我们必须正视和认真解决的一个重要战略性问题。

　　本书的写作正是以此为出发点。在作了认真细致的实地调查研究之后，结合城镇化的基本理论与国际经验，作者对项东村所在地区的区域城镇化发展模式从理论与现实相结合的角度提出了自己的看法。本研究对于我国如何利用城镇化力量扎实推进社会主义新农村建设具有重要的现实意义，同时对于深化我国的城镇化研究也具有一定的理论价值。

　　本书可供各级党政主要领导干部特别是县乡（镇）村主要干部、政府各职能部门从事相关工作的领导干部和专业人员、城镇与区域规划和农村发展理论与政策方面的研究者、大专院校相关专业师生，以及一切关心我国城乡协调发展的读者阅读。

作者简介（一）

胡必亮　中南财经政法大学经济学学士、亚洲理工学院－多特蒙德大学理学硕士、德国维藤大学经济学博士。曾任东西方中心研究实习员、亚洲理工学院研究助理、世界银行经济官员、法国兴业证券首席中国经济学家。现任中国社会科学院农村发展研究所研究员、中国社会科学院研究生院教授、博士生导师。主要研究领域为农村发展中的制度分析、村庄研究、农村金融、城镇化、中国宏观经济。

主要代表作有《非正式制度与中国农村发展》（路特里奇出版社英文版）、《泰国中部的村庄经济：对蔡亚诺夫模式的检验》（Thai Watana Panich出版社英文版）、《发展理论与中国》（人民出版社）、《关系共同体》（人民出版社）、《走向复苏之路》（经济科学出版社）、《中国的跨越式发展战略》（山西经济出版社）、《中国经济问题评析》（山西经济出版社）、《中国村落的制度变迁与权力分配》（山西经济出版社）、《中国乡村的企业组织与社区发展》（山西经济出版社）、《村庄信任与标会》（《经济研究》杂志）、《中国的三元经济结构与农业剩余劳动力转移》（《经济研究》杂志）、《灰色区域理论概述》（《经济研究》杂志）、《中国城市机制及其转换》（《经济研究资料》杂志）等。

其代表作曾先后获1987年度、1988年度国务院农村发展研究中心农村经济社会发展研究优秀成果二等奖和三等奖，1994年度（第六届）孙冶方经济科学奖，1996年度（第三届）国家图书奖提名奖，2000年度（第三届）、2002年度（第四届）、2006年度（第六届）中国社会科学院优秀科研成果三等奖和2006年度（第十二届）孙冶方经济科学奖。

作者简介（二）

李玉祥 1989年毕业于武汉大学新闻系摄影专业，1999年毕业于澳大利亚格里菲斯大学与中央美术学院联办的视觉艺术硕士研究生班。系中国摄影家协会会员、中国民间文化遗产抢救工程专家委员会委员、《经典》杂志学术顾问，现就任北京"生活·读书·新知"三联书店特约编辑。

自幼爱好美术，1985年起业余从事摄影创作。作品多次在全国及香港地区举办的影展、影赛、报刊上获奖和刊载。其中获一等奖1次、二等奖3次、三等奖3次，银牌奖、铜牌奖各3次。1988年入选《中国摄影家大辞典》，1992年入选《中国文艺家大辞典》。1996—2000年，摄影作品个展及联展在德国、美国、新加坡等国展出。1999和2001年中央电视台《东方时空·东方之子》、《人物》栏目先后专题报道。2001年被《摄影之友》杂志评为2000年中国最重要的摄影人物。2006年荣获中国民间文艺家协会首届"中国民间文化守望者"称号。曾为江苏美术出版社拍摄编辑《老房子》系列画册，获国家图书奖提名奖、江苏图书精品奖；为三联书店策划编辑《乡土中国》系列图文书，获中国图书奖选题策划二等奖。另出版《中国城墙》等多部图书。2001年为香港凤凰卫视策划大型电视专题片《寻找远去的家园》。

在具体摄影过程中，将镜头关注点聚焦在人类所创造的物质文化与精神文化方面，充分展示人类的智慧，表现其文化价值，在艺术表现方面不露痕迹地将自己的情感融入画面里，深入、细致地用视觉记录，同时关注其审美等方面的人文属性。

总　序

　　党的十六大以来，党中央提出了科学发展观、构建社会主义和谐社会两大战略思想，这是指引我们在新世纪新阶段继续推进改革开放、积极推动经济发展和社会全面进步、建设中国特色社会主义现代化事业的总方针。党的十六届五中全会提出了推进社会主义新农村建设的重大历史任务，这是贯彻落实两大战略思想的体现。从国家当前面临的经济社会形势全局看，我国的经济建设，工业化、城市化发展已经取得了举世为之瞩目的巨大成就，相形之下，我国的农业还比较脆弱，农村还比较落后，农民还比较贫苦，所以在"十一五"及今后一个相当长的时期内解决好"三农"问题，仍然是我们工作的重中之重。好在经过多年的努力，我们现在已经创造了解决好"三农"问题的条件。胡锦涛同志指出：现在"总体上已经到了以工促农，以城带乡的发展阶段，我们顺应这个趋势，更加自觉地调整国民收入分配格局，更加积极地支持'三农'发展"。胡锦涛同志的这个判断是完全正确的，提出的方针也是完全正确的。近几年，各级党组织和政府以及相关部门执行了这个方针，采取了多项支农、惠农政策，增加了对"三农"的投入，减免了农业税，给粮食直接补贴，大力发展农村的教育、科技、医疗卫生等社会事业，建立农村最低生活保障制度，等等，已经取得了立竿见影的成效。最近三年，是建国以来，农业、农村发展形势最好，农民得到实惠最多的时期之一。但是，我们也应该看到，我国的农业和农村结构已经进入了要进行战略性调整的重要阶段，面对农村经济社会正在发生的急剧深刻的变化，农业、农村发展面临着种种矛盾和挑战，要解决的问题千头万绪，需要党和政府的各级干部、各行各业的同志们，以及各界人士都来关注"三农"、研究"三农"、支持"三农"，为解决好"三农"问题出谋划策、贡献力量。把社会主义新农村建设好，这既是9亿农民的殷切期盼，也是21世纪中国在世界崛起的最重要的基础和力量源泉。

重庆出版社的领导和同志们，正是认识到党中央提出推进社会主义新农村建设战略的重要意义，心系"三农"，经过酝酿，决定策划组织出版一套《新时代新农村建设书系》，为推进社会主义新农村建设，为广大农村干部和农民提供丰富的精神粮食和强大的智力支持，我认为这是一件很有意义、很值得支持的好事。

《新时代新农村建设书系》按照中央提出的"生产发展、生活宽裕、乡风文明、村容整洁、管理民主"的建设社会主义新农村目标要求组织编写，内容涵盖农村政治、经济、文化、社会建设与管理和农业科技等方面，分为社会主义新农村建设理论探索、劳动经济技能培训、新型农民科技培训与自学、生态家园建设、乡村文化与娱乐、民主与法制、健康进农家等系列，每个系列由几套小丛书组成，从2007年起陆续出版。它旨在帮助县（市）乡（镇）各级干部更新观念、开拓思路，提高建设社会主义新农村的理论水平和决策能力；帮助广大在乡务农农民和进城务工农民掌握先进适用技术，提高科学文化素质，增强致富能力，增加经济收入，提高生活质量，造就有文化、懂科技、会经营的新型农民，为加快农村全面小康和现代化建设步伐作出应有的贡献。

这套书系有三个主要的特点：一是理论密切联系实际，紧扣新农村建设中的热点和难点研究问题，具有创新性和启发性；二是面向现代农业和国内外大市场，介绍新观念、新知识和新技术，具有先进性、实用性和可操作性；三是门类多样，形式活泼，通俗易懂，图文并茂，具有可读性。我认为从理论与实践的结合上，从读者的阅读需求上做这样的设计安排是比较合乎实际的。

建设社会主义新农村是一项长期而艰巨的任务，前进道路上要解决的问题还很多，因此，加强对社会主义新农村建设的理论研究十分重要。比如现代农业建设、农村体制综合改革、农业土地产权制度改革、农村金融改革、农业科技创新与转化、农民专业合作经济组织建设、贫困山区的脱贫致富、农村生态环境建设、农村民主政治建设等若干重大的理论问题和实践问题都有待进一步深入研究；同时，及时总结新农村建设中的经验教训，积极探寻新农村建设的各种模式，以及弄清城镇化与新农村建设、全球化与新农村建设、工业化与新农村建设等之间的关系，等等，都是很有必要的。

农民是建设新农村的主体。他们对享受丰富多彩的精神文化生活，掌握先进的科学技术，勤劳致富，建设幸福美好的家园有着强烈的渴求。本书系如能为满足农民朋友的这些多种多样的需求奉献涓滴力量，当是编委、作者和出版者都感到欣慰的事。

我殷切地期望本书系的出版将受到从事新农村建设的广大农民朋友和农村基层干部的欢迎，对推进新农村建设的政府部门领导干部、从事"三农"问题研究的学者和一切关心新农村建设的社会各界人士也有所启发，在推进社会主义新农村建设中发挥积极的作用。希望大家多提宝贵意见，并惠赐佳作。

中国社会科学院荣誉学部委员
中国社会学会名誉会长
中国农村社会学研究会会长
2007年清明于北京

前　言

　　人们常说，促进我国农村发展的重要途径之一在于城镇化。总体上讲，这自然是没有什么问题的。但是，当我们针对具体的现实时，有时却会发现其中还是有一些问题的。譬如说，当浙江省温州市苍南县的龙港镇没有发展起来以前，苍南县的许多镇和村即使是在全国来讲，都是非常"火"的，许多甚至都直接构成20世纪80年代非常著名的"温州模式"中十大专业市场中的重要市场，钱库镇就是当时的十大专业市场之一。钱库镇所辖的项东村更是全国知名的模范村，项东村党支部也于1989年被评为"全国先进基层党支部"。但是，当龙港镇于90年代发展起来以后，周围的不少镇和村庄不仅没有因此而更好更快地得到进一步发展，其发展势头反而减缓了，有些甚至出现了比较严重的衰退现象，项东村即如此。原因其实很简单：龙港镇形成气候以后，不少原来在它周围乡镇和村庄创业的企业家纷纷将自己的企业迁移到了这个更加著名的"农民城"。

　　毫无疑问，在市场经济条件下，出现这样的问题不足为奇。但是，也不是说这样的情况就一定是必然的、不可避免的。关键在于：地区发展战略的设计与规划一定要充分考虑城乡统筹和区域协调发展的问题。过去我们在这方面强调得不够。党中央、国务院在新的历史条件下提出建设社会主义新农村的历史任务的基本出发点就在于要坚持城乡统筹和坚持区域协调发展，从更广义的角度来看，就是要坚持科学发展观，尽可能地避免出现城乡之间和区域之间分割发展和失衡发展的问题。

　　这本小书正是从这样一个角度出发，以笔者长期定点观察、研究的浙江省温州市苍南县钱库镇项东村作为分析问题的微观主体，结合城镇化的基本理论与国际经验，对项东村所在地区新时期城镇化发展的新战略及其具体实施方案提出了一些基本思路与建议，以期引起人们对这一重要问题的重视与关注。

从理论上讲，笔者明确地将城镇化过程定义为城乡转型过程，城镇化的本质特点在于不断强化城乡之间和城市之间的经济、政治、文化等各方面的联系。推进城镇化过程可以考虑将自下而上的"村镇聚合"方式与自上而下的发展"城市区"和"城市带"方式结合起来、同时将调整产业结构与调整空间结构结合起来进行。

从操作层面上讲，笔者建议尽快做好两个层次的"温州城市带"的设计与规划工作，特别是重点建设好"温州-瑞安-鳌江+龙港"城市带的规划与建设工作；在充分调查研究的基础上，考虑将隔江比邻但目前仍分属于两个不同县份的鳌江镇和龙港镇合并后设市建制；在新设城市的基础上，设计、规划和建设以这个新城市为中心的"一带六"的城市区；作为新的中心城市"一带六"的重要组成部分，钱库镇应该充分发挥自身的优势，力争成为区域性的重要印刷中心之一。因此，为适应这一要求，钱库镇可以考虑通过整合该镇目前的工业资源，集中开发建设以印刷包装业为主的新工业区；项东村以及其他位于钱库镇周边的村庄可以通过"村镇聚合"的方式逐步聚合到钱库镇区范围内。

这项研究得到了苍南县总工会黄正瑞主席、苍南县规划建设局朱成堡局长、钱库镇苏中杰镇长、项桥办事处金孟坚主任以及项东村党支部书记项祖健、项东村村民委员会主任项延东、村民委员会副主任王粉玉和项东籍企业家项延龙、项芳印、项方怀、项延文、项祖庆、项祖想等的大力帮助与支持，特别是村民委员会王粉玉副主任自始至终地全程陪同我们进行了2006年10月份的村庄调查工作，笔者特此表示最衷心的感谢。但本书所及的各方面的论述与观点如果有不妥之处的话，则完全由笔者负责。

本书摄影作者、著名摄影师李玉祥先生与笔者一起参加了村庄实地调查研究工作，他提供的实景照片插图为本书增色不少，使我们读起来会轻松许多，笔者对他表示衷心的感谢。笔者也同样衷心感谢本书资料图片的拍摄者，他们的劳动给我们带来了更多的直观感受。

本项研究由中国社会科学院农村发展研究所提供资助，同时也得到了Rainer Heufers先生和Wimonpug Promsrimas女士的帮助；笔者的同事李国祥博士，以及中国社会科学院研究生院的研究生刘红禹、靳文丽、魏培莉与笔者一起参与了2006年10月份的实地调查；重庆出版社对本书的出版给予了大力支持，在此一并致谢。

胡必亮

2007年8月25日于北京

目 录 Contents

一 引言　1

二 项东村的故事　5

　（一）项东村简介　7

　1. 历史　7

　2. 文化　8

　3. 地理　16

　4. 自然资源与农业　17

　（二）非农产业发展的基本历程　19

　（三）项桥日用制品厂的沉浮与兴衰　22

　（四）项桥日用制品厂衰落后的项东村　26

三 故事引出的问题　31

　（一）部分村民的几种看法　32

　第一种看法：主要是人的问题　32

　第一种看法：主要是企业管理方面出了问题　33

　第三种看法：主要是当时的宏观经济

　　　　　　　环境发生了重大变化　33

　（二）关键在于城镇化的影响　36

四 认识问题的角度及其所涉及的理论背景　44

　（一）城乡转型：城镇化的本质　45

　1. 城镇化　45

目　录

2. 城镇化的本质　46

3. 村庄的出现　47

4. 城市的出现　48

5. 从村庄向城市的转型　50

6. 城乡转型的主要动力　52

（二）村镇聚（联）合：自下而上地推进城乡转型　57

（三）城市区和城市带：自上而下地推进城乡转型　62

1. 城市、城市区与城市带　63

2. 发展城市区和城市带是促进城乡转型的有效手段　71

3. 从城市化到城市带化：城镇化发展的新趋势　77

五　解决问题的现实选择　85

（一）积极研究与规划温州城市带发展问题　86

（二）建立以鳌江-龙港为中心的城市区　88

（三）在新的城市区框架下把钱库建设成为
区域性的印刷中心之一　92

（四）项东村的故事：初步的结果　96

参考文献　98

一 引 言

　　《中华人民共和国国民经济和社会发展第十一个五年规划纲要》（以下简称《纲要》）已经第十届全国人民代表大会第四次会议于2006年3月14日审查批准。很显然，这个纲要具有十分重要的意义，因为它是一个指导我国全面建设小康社会的关键时期的纲要性文件。按照这个纲要，我国的经济社会发展在从2006年到2010年的五年间都将上一个新的台阶，其中2010年的人均国内生产总值（GDP）比2000年翻一番，达到19 270元（按2007年10月中旬汇率，约7.5元人民币兑换1美元折算为2 569美元）。

　　与其他五年计划相比，第十一个五年规划纲要突出强调了全面贯彻落实科学发展观的思想。其中一个十分重要的内容就是要通过"工业反哺农业、城市支持农村，推进社会主义新农村建设，促进城镇化健康发展"等措施促进城乡区域协调发展。因此，这个纲要在紧接着"第一篇"的"指导原则和发展目标"之后，将"建设社会主义新农村"作为"第二篇"从各主要方面进行了详

全国闻名的农民城——龙港镇一角

细规划，把社会主义新农村（以下简称"新农村"）建设提到了未来五年我国经济社会发展各项事业中最重要的位置。

根据《纲要》，"十一五"期间新农村建设的基本要求是：生产发展、生活宽裕、乡风文明、村容整洁、管理民主。主要内容包括六个方面，即发展现代农业，增加农民收入，改善农村面貌，培养新型农民，增加农业和农村投入，深化农村改革。

我们需要特别注意的是：《纲要》在具体提出"建设社会主义新农村"六项主要任务之前，有一个非常重要的概述性的引言，即"坚持统筹城乡经济社会发展的基本方略，在积极稳妥地推进城镇化的同时，按照生产发展、生活宽裕、乡风文明、村容整洁、管理民主的要求，扎实稳步推进新农村建设"。这个概述性的引言表明：统筹城乡需要从两个方面作出努力，一方面是积极稳妥地推进城镇化，另一方面是

扎实稳步地推进新农村建设。

　　以笔者从事农村发展与城镇化两方面的理论与实证研究经验来看，这两方面必须紧密结合起来：理论研究方面需要结合起来，政策措施方面需要结合起来，推进工作方面也需要结合起来。否则，两方面的工作都很难取得好的效果。根据笔者的体会，如果我们能够做到客观科学地观察、研究和分析问题的话，我国在目前特定历史背景下推进城镇化发展与推进新农村建设从很大程度上讲基本上是一回事，它们只是同一个问题的两个方面而已。

　　笔者所说的"基本上是一回事"和"同一个问题"指的是"城乡转型（rural-urban transformation）"这回事和这个问题。同一个问题的"两个方面"指的是在我国目前新的历史条件下，城镇化发展的推动力已经主要转变为来自于农村的各项因素（如农民工进城，以及农村人口向城镇的大规模迁

浙江南部农村一瞥

移，农村资金不断流入城镇等），而不主要是城镇本身的力量了；同时，新时期农村进一步发展的推动力也主要在于与城镇化相关的因素（如城镇工业的扩散、城镇交通的延伸等）而不主要是农村本身的影响了。因此，笔者在充分肯定《纲要》所提出的推进新农村建设六个方面的同时，特别强调城镇化对于推进新农村建设的重要意义。

当然，笔者认为目前城镇化发展与新农村建设实际上是一回事是有前提条件的，这个前提条件就是中央反复强调的作为科学发展观重要组成部分的城乡区域协调发展思想。如果没有这样的观念与思想作指导，新时期我国的城镇化发展和新农村建设仍然还会是两回事。由此所引申出来的基本政策含义在于：将城镇化作为一个重要手段推进新农村建设，同时将新农村建设作为一个重要手段推进新时期的城镇化进程。那么，究竟通过什么样的具体方式和方法将这两者有机结合起来、共同促进呢？这就是我们试图通过这项研究所要解决的基本问题。

笔者将首先讲述一个来自村庄的真实故事，然后分析一下这个故事所引申出来的主要问题以及问题所涉及到的理论背景，最后我们将共同为这个故事设计一个结局，当然最好是一个能让我们感到欣慰的好的结局。

位于水网平原上的项东村

二 项东村的故事

　　项东村从20世纪80年代末起曾一度是浙江省有名的先进模范村。1989年，项东村及其党支部分别被浙江省委、省政府及有关部门命名为"省文明村"、"先进党支部"和"劳动模范集体"等荣誉称号。时任村党支部书记项祖委也于当年荣获"省先进工作者"、"优秀党员"和"劳动模范"等光荣称号。1989年9月18日，项东村党支部甚至还被评为"全

位于浙江最南端的村庄
之一——项东村

国先进基层党支部"，村支书项祖委上北京参加了于 1990 年召开的"全国先进基层党组织和优秀党务工作者表彰大会"，还在大会上作了典型发言，并受到了当时中央主要领导人的接见。

全村当时有18家大小不等的企业，村北沿河的小街两旁集中了包括杂货店、木器店、酒店、副食店、旅馆、布店、摄影室、理发店、歌舞厅等各种服务性店铺20家左右。工商业都很发达，一派繁荣景象。但此后不久，项东村开始逐渐地走下坡路。记得笔者2002年来村时，发现当年繁华的村庄街道显得十分冷清，曾经繁忙进出于村里的运输流量也少了许多，当年的18家企业也只剩下6家了，而且经营规模都比10多年前小了许多。从比较的角度来讲，毫无疑问，项东村是衰退了。与其他村庄不同的是：我们现在尚能在村里找到当年曾经繁华一时的种种迹象，它们见证了项东村曾经辉煌的历史。

笔者最近一次到该村调查是2006年"十一"长假期间。我们发现村里有了不少改进，主要是社会事业方面的发展比较明显，沿河的道路修得比以前更好了，村中心新建了一个健身广场 ——"世纪健身广场"，村里的学校改造得焕然一新，等等。但村里的工商业发展并没有出现好的转机。听说笔者又到村里作调查，不少过去从本村出去的企业家也都从附近各城镇专程赶回到了村里。于是，笔者利用机会将这些从村里出去的企业家集中起来开了一次座谈会。通过这次座谈，笔者才第一次弄清楚了这个村近些年来一直走下坡路的一个十分重要的原因，也许这才是项东村这些年来表现出不断"萧条"与"衰落"的真正原因之所在。这就是城镇化与农村发展的关系问题。应该说，这是笔者此次到该村

当年繁华的村街现在很冷清

调查的最大发现，也是笔者这次调查研究的最大收获。因此，笔者希望通过分析这个故事而从中得出一些有益的启示。

项东村的"世纪健身广场"

（一）
项东村简介

从行政区划体系角度来看，项东村隶属于浙江省温州市苍南县钱库镇，处于我国著名的"温州模式"①的中心地带。

1. 历史

我们知道，中国相当多的村庄都是在明清时期通过移民方式形成的。但项东村和项西村却是其始祖项昭（字国明）于公元941年（五代十国的后晋时期，936—946）从福建省长溪迁移而来并逐步创建的，距今已有1 066年的历史，经历了35代人左右。当项昭初到这个地方时，实际上首先是定居于

项氏始祖项昭墓（也称昭公墓）

项东村

---

① "温州模式"在我国是指以浙江南部的温州市为代表、以市场经济为导向、以家庭私人经营和专业市场为主要特征、以农村小城镇为依托、通过主要利用私人企业家的原始资本积累（而非主要利用外资或政府资金）而优先发展商业服务业及小规模工业的一种区域经济发展模式。这种经济发展模式的核心在于它的私营性质而明显地与别的经济发展模式的国营或集体性质相区别。近年来，这种局部的区域性发展模式已逐步扩展到了浙江全省，并表现出了进一步扩张的明显趋势。相应地，它目前的内涵也比其形成与发展初期更为丰富。

项西村目前所在地的，后来逐渐开发到目前项东村所在的地域。这就是为什么项氏始祖项昭（通常被当地人尊称为"昭公"）的墓地坐落在项西村一边的主要原因。可能是考虑到东、西两边的平衡关系，项家祠堂就建在了项东村一边。在项东村和项西村之间有一座桥，宋朝时曾先后被称为"银桥"和"瀛桥"，现在人们习惯上也称这座桥为"项家桥"或"项桥"。与我国许多十分典型的村庄标志相似，项家桥的西头是一棵颇有历史年头的大榕树，桥的东侧是一个开放式的农贸市场。

2. 文化

总的说来，项东村是一个具有比较深厚文化底蕴的村庄，项氏家族更是当地一个十分有名的富贵书香家族，在历史上具有很高的社会地位，享有良好的社会声誉。笔者从与当地不少有识之士（如金为人、彭振邦等）的交往中了解到，项氏家族在项家桥的始祖项昭以前在家乡福建时是为官的，迁移到项家桥之前官已升至大理寺评事。但当闽王王审

银桥（瀛桥）与古榕树

项氏宗族祠堂

项氏祠堂内的"状元纪念馆"

项氏祠堂内的"状元纪念堂"

祠堂内高悬的牌匾

祠堂内一角

祠堂内的"状元及第"牌与旗

项氏祠园

村里"大户人家"传下来的老房子

项桂发纪念陵（状元陵）

知死后，他的两个儿子王延政和王延羲因为争权夺利而闹得上下不安，民不聊生，在这种情况下，项昭才弃官到了今天的项家桥所在地。

由于这样的家庭背景，项氏家族一直都很重视其后代的教育与学识培养。到项昭之后第七代时，项邦（字克诚）于1124年考中进士。后来其家族中又有6人中进士（全苍南县所在地宋朝时期只有24人考取进士）。特别值得一提的是：项家的项桂发（字严叟，号若光）于宋淳祐四年（1244年）考取武状元，成为宋朝时期整个苍南所在地区考取武状元的7人之一。项桂发此后分别任中卫大夫、海南置制使等官职，直至1270年任参知政事，成为朝中官居二品的大臣。除了考取进士和状元做官以外，项氏家族在历史上也曾出现过不少富豪，譬如说十二世孙项宗圣就属于"家财万贯"的人。据考证，他曾"创造新宅高楼峻宇，一日连竖百栋，魁一时之巨族"，且"轩豁好义"，不断用自己的财富救济当时受灾的百姓，当时还因此得到过政府的嘉奖。

3. 地理

从项东村所处的地理位置来看，它位于浙江省的最南端，地处望州山下、灵鹫山麓，其东面和东南面各10千米左

项东村濒临东海

右就是东海，稍北一点为鳌江。所以，它位于北江南海之间的水网平原上。一条大河（古称"瀛水"）将整个村庄环抱起来。通过这条大河，可以最终与南北大运河相通。整个村庄被青山绿水所包围，景色十分迷人。

4. 自然资源与农业

由于项东村河道通畅，水资源丰富，所以其农作物生产具有比较强的优势。该村农作物种植的主要品种是水稻，通常占全村种植总面积的70%以上。水稻产量比较高，每公顷的常年平均产量一般都在10～12吨（每亩①700～800千克）左右。譬如说，20世纪80年代的平均单产为每公顷10.5吨（亩产700千克），1993年的平均单产就达到了12.75吨（亩产850千克）（王晓毅等，1996）。一般情况下，一年夏秋两熟，冬季则种植小麦、蚕豆、豌豆和各种蔬菜。

项东村被水环抱

尽管项东村具有良好的农业生产所要求的资源条件，但是，相对于项东村的人口而言，人均耕地面积却非常少。据考证，民国时期，项东村有100多户，300多人，耕地面积305亩，人均1亩左右。新中国成立初期的情况基本如此，土改时全村人均分得耕地1.1亩（王晓毅等，1996）。但人口数量是不断增长的，耕地面积却没有增加。比如说，20世纪60年代的人口总数增加到了450人左右，

项东村周边的良田与禅寺

---

① 1亩=1/15公顷。

项东村所在地区属于水稻高产区

70年代增加到超过600人，80年代超过750人，1993年总人口为845人（195户），2002年达到1 200人（318户），2005年为1 105人（293户），但耕地面积仍然只有300多亩。所以，目前项东村人均耕地面积已经不到0.3亩了，户均不到1亩，属于比较典型的人多地少的村庄。

正是由于农地资源有限，所以项东村从20世纪70年代初期就开始从非农经营领域寻找进一步发展的空间。

（二）
非农产业发展的基本历程

　　总体说来，由于项东村具有良好的河运优势，所以传统商业和农村市场比较发达；但由于该村没有明显的工业或手工业的历史传承，因此乡村工业一直都没能找到一条稳定的发展道路，表现出明显的曲折探索的特点。

　　直到20世纪90年代以前，由于陆上交通事业发展不足，水运对于我国整个经济发展仍然具有十分重要的意义。项东村所在的温州市正是因为具有良好的水运优势而早在北宋时期的999年就已经被朝廷列为通商口岸了，1876年又被清政府列为"五口通商"口岸之一（王晓毅等，1996）。改革开放以来，温州市的水运优势得到了进一步体现，因此，国务院于1984年正式确定并批准温州市为我国14个沿海开放城市之一。

　　水运对于农村特别是对于我国南方农村经济社会发展的意义尤其重要。我们以上已经介绍过了，项东村是被环绕的瀛水河所包围的，通过水路可以与外面的世界直接相连。正因为如此，解放前项东村的商业是十分发达的。根据笔者的同事王晓毅和朱成堡对项东村一些老人的访谈记录（王晓毅等，1996），解放前的项家桥一直都是周边地区的一个十分重要的区域性米市中心。1945年当地共有3个米市。在1926年

村里的市场延伸到了项家桥上

村里的农贸市场

本地建起了第一家碾米厂的基础上，1946年又建了一个碾米厂，当时每天来往于项家桥从事谷米生意的船只都有20多艘。同时，项家桥一带当时的木材生意也比较发达。正是由于河运优势所形成的米市和木材市场兴盛，项家桥的商业、服务业以及整体经济发展在当时也相应地比较繁荣。据老人们的回忆，在当年的项家桥一带共有百货店3家、药店2家、豆腐店2家、鞋店1家和成衣店1家。此外，还有一些季节性的水果店和海鲜、蔬菜摊点等。不难想象，对于农村地区而言，项东村当时的经济发展情况确实是比较好的。

但是，相对于商业服务业而言，历史上项东村的工业和手工业却并不发达。尽管项东村村民一直都在不断地探索工业和手工业发展的路子，但效果一直都不理想，而且其发展也不稳定。

解放前，除了我们以上已经提到过的由于米市的兴旺发达所带动而建立起来的2个碾米厂以外，其他属于（小）工业范畴的非农经营活动在项东村几乎没有。村民赚钱的一个重要来源就是到宁波和舟山一带打工，并且主要是做农活和海上捕鱼（王晓毅等，1996）。与周围其他村庄相比，当时项东村在工业和手工业发展方面可以说是处于比较落后的状态。一个可能的原因是因为历史上项氏家族一直都是当地比较有权有势的家族，所以其后代变得比较贪图享受而不求进取。一个比较有说服力的事实是解放前项东村居然有两家鸦片馆。

解放后，项东村的工业发展大致经历了四个阶段。基本上可以将20世纪50年代划为一个阶段，60年代划为一个阶段，进入70年代后则又可以划分为另外两个阶段。

50年代（实际上是从50年代中期开始）的基本特征表现为项东村村民就近向项西村村民学习制作粗纸。制纸的材料就是本地具有丰富资源优势的稻草。这种比较粗糙的纸一部分卖给附近的零售商店，另一部分则通过推销的方式卖到附近农村用户手上。尽管粗纸生产是一种很简单的加工业，收入也不高（每户的年平均纯收入当时大约在200元左右），但项东村村民以此为开端揭开了本村小工业发展的新的历史篇章，为以后的工业发展积累了经验，培养了人才。

到了60年代初，村里有人利用其亲属关系到附近宜山镇的白沙村学习纺纱技术。随之，这一技术在本村得以推广应用，带动了纺纱业在项东村的发展。当时项东村村民一般都是到宜山市场上采购旧的碎布片作为生产原料，用当地的土开花机开花，然后再纺成纱，卖给当地纺织土布的织布专业生产户。由于生产工艺比较简单，加上经营利润也比较可观（平均每户一年的纯收入可达300元以上），因此发展得比较快。到60年代末，全村从事纺纱业的家庭达到了15户左右（王晓毅等，1996）。

真正让项东村在当地乃至全国名声大振的是由于该村于1972年开始创办了"项桥日用制品厂"，从此该村声名鹊起；同样地，也正因为项桥日用制品厂在其发展20年之后出现衰落，致使项东村经济社会发展形势出现逆转。这一具有典型意义的"成也萧何，败也萧何"的发展历程就是项东村工业发展在其第三和第四阶段所表现出的明显特征。由于项桥日用制品厂对于我们研究和分析问题具有十分重要的意义，因此我们将在下面作专门介绍。

作为家庭手工业的家庭制面业

（三）
项桥日用制品厂的沉浮与兴衰

　　我们讲项东村的故事不能不了解项桥日用制品厂（后改名为"苍南县日用制品厂"，以下简称"日用制品厂"）的发展历程，因为项东村的兴衰荣辱史是直接与这个企业的命运相联系的。从一定意义上讲，日用制品厂对研究项东村的现代史具有决定性意义。

　　日用制品厂是1972年建立的。企业之所以在那个时候出现并不是偶然的，而是许多因素共同作用的结果。其中至少三个方面的因素是非常重要的：一是从全国来看，当时对于社队企业发展而言的宏观政策环境出现好转；二是项东村50年代和60年代发展粗纸和纺纱等农村工业的实践为进一步的

乡村工业发展积累了宝贵的经验；三是一个特殊能人的适时出现为项东村创办合适的企业提供了契机。

宏观环境是指在20世纪60年代末70年代初出现了有利于社队企业恢复性发展的历史性机遇。由于1966—1969年间全国粮食产量两年减产、两年持平，而且北方的粮食生产情况更差，为了改变这种状况，国务院于1970年8月召开了北方地区农业会议，提出了提高农业机械化水平，特别是提高耕作机械化水平和排灌机械化水平的政策主张。与此相适应，中央充分肯定了发展农村社队企业对于实现农业机械化的积极意义。因此，以农业机械化带动的农村社队企业继60年代中期开始复苏后在70年代初期进一步得以加快发展（胡必亮等，1996）。

除了当时宏观政策环境发生了这样的积极变化以外，我们以上提到的解放后20多年项东村村民在发展农村工业方面的种种探索也为日用制品厂的创建做了必要的准备，包括管理与技术人才的准备、生产和销售经验的准备、资金的准备等。我们发现，日用制品厂的创始人多数都是50年代和60年代村里发展粗纸和纺纱生产经营的骨干村民，他们往往又都是村里的主要干部。

村里的塑印厂之一

当然，日用制品厂的出现也有偶然因素的作用，那就是项金杰这样一个特殊能人的突然出现。之所以说项金杰是突然出现，是因为他的父亲早已作为非农业人口从项东村迁移到城镇经商多年了，因此，项金杰作为城镇知识青年被送到黑龙江省插队落户。但由于他在插队期间生病而不得不于1972年下半年被退回原籍。基于家庭的经商背景，加上本人在黑龙江插队时的体验，项金杰认为建一个工厂专门为黑龙江省的一些国营农场和大型企业的食堂生产饭菜票一定是能够赚钱的。于是，项金杰与项东村的王慕华和项祖捐通过集资入股和向亲朋好友借钱的方式共同在他的祖籍——也就是当时的项东大队创建了日用制品厂，当时叫"项东日用制品厂"。

稍后，当时的大队党支部书记项祖委、大队会计项延龙以及社员项金增和项芳森等人也通过集资的方式联合创建了"项东标牌厂"，主要生产啤酒瓶盖，供应上海市场。两个企业在分别生产经营了4年多之后产品越来越趋同，加上考虑到两个企业都办在同一个生产大队，如果合并起来的话，规模更大，更容易得到上级各政府部门的政策支持，于是，两家企业于1977年合并为一家企业，联合更名为"项桥日用制品厂"，后改名为"苍南县日用制品厂"（王晓毅等，1996）。

合并后的日用制品厂在接下来的十几年间发展势头很好，增长速度很快，解决了当地相当部分劳动力的就业问题。根据笔者的同事王晓毅和朱成堡（1996）提供的材料，两厂合并后第一年（即1978年）的企业总销售额达到了17.4万元，1979年为27万元，1981年突破30万元（31.5万元），1982年突破50万元（52.9万元），1983年接近100万元（98.0万元），1984年超过150万元（154.1万元），1985年达到185.2万元，1986年突破300万元（318.7万元），1987年超过400万元（435.3万元），1988年更是一举突破600万元（604.0万元），表现出蒸蒸日上的繁荣景象。

与企业销售额的快速增长密切相联系，企业的经济效益也随之改善和提高：两个企业合并后的第一年，企业的利税额只有2.5万元；1988年，企业的利税总额已经超过了100万元，达到113.7万元。企业招收的职工人数也是不断增加的：两个企业合并之前分别只有18人和15人，共计33人；合并后的1978年职工人数迅速增加到60人，1979年为65人，1980年和1981年都是70人，1982年为75人，1983年为88人，1984年超过了100人，达到130人，1985年和1986年继续增加，分别为145人和181人，1987年职工人数达历史最高水平，213人。当时全村总人口也就只有700多人，大约170～180户，因此平均每户都有1个甚至1个以上的主要劳动力在位于本村的日用制品厂上班。而且工资还比较高：两个厂刚合并时，人平均工资每月大约在500元左右，后来不断提高，1988年的人平均工资每月达到了2 100元。10年间职工月平均工资共增加了1 600元，每年平均增加160元。正因为如此，我们说日用制品厂曾经辉煌过整整10年。也正因为如此，项东村和项东村的主要领导人项祖委在20世纪整个80年代以及90年代初期在当地都是非常有影响力的。

适应工业发展，改善供电设施

但是，从1989年开始，情况出现了逆转，而且变得越来越差。企业的销售额、利税指标以及职工就业数量从1989年开始都呈现出不断下滑的趋势：1989年的销售额回落到555.0万元，1991年、1992年和1993年继续回落到435.3万元、326.9万元和300万元以下；相应地，企业的利税额也有所减少，职工人数大致每年减少10人，1993年急速减少到只有40人左右。1994年后，日用制品厂在村里经营的一块业务基本上就处于半死不活的非常不稳定的状态。这意味着曾经辉煌一时的这家位于村里的属于集体经营性质的乡镇企业最终走完了它悲壮的发展历程。

那么，这么好的一家企业为什么会出现败落的情况呢？这是项东村村民和我们研究者长期以来都很关心的一个问题，也是我们一直都在讨论的一个问题。笔者想将这样一个重要的问题放到后面做进一步的专门探讨，先简单考察一下没有了日用制品厂的项东村出现了什么样的变化。

（四）
项桥日用制品厂衰落后的项东村

村道与村卫生室

20世纪90年代中期后，日用制品厂基本上就倒闭了。对于项东村而言，没有了这样一个集体企业，情况会发生什么样的变化呢？我们研究项东村，不能不关心这样一个问题。

毫无疑问，作为一家村级集体所有的企业，它的兴衰存亡通常将直接影响到整个村庄经济与社会的发展状况。所以，我们需要观察和研究日用制品厂衰落后

对于村庄发展究竟产生了什么样的直接和间接影响。

　　首先，因为日用制品厂属于集体性质的企业，那么最直接的影响就是村集体原来从日用制品厂取得部分资金支持的来源就此中断了。对此，我们需要对日用制品厂的产权归属关系及其变化作点介绍。

　　从企业产权关系来看，日用制品厂与村集体之间的关系并不像我们从逻辑上所推测的那么简单。关键的一点在于：不论是由项金杰主持创立的"项东日用制品厂"，还是由项祖委主持创立的"项东标牌厂"，其初始资金都是由企业的创始人和企业最初加入的员工以集资的形式或通过他们的个人关系以借款的方式而筹集的，村集体没有向这两家企业投资过一分钱。因此，企业的创始人和最初加入企业的员工都认为由两家企业合并后的日用制品厂根本上就不是集体企业，而属于股份制企业。同时，也有不少人认为日用制品厂应该是属于集体所有性质的企业，主要原因在于企业在其发展过程中动用了大量的集体资源，如企业无偿占用了村集体的土地、企业一般也是利用村集体的名义向银行贷款的（在这种情况下，村集体实际上起到了信用担保的作用）等。

　　当然，最后确定日用制品厂企业性质的标准基本上还是由政府说了算。考虑到20世纪80年代后期，温州生产的产品在全国的名声不好，似乎与私人经营有一定关系，于是，当

曾经兴盛的企业，现在完全萧条了

项东村普通民居

时的政府有关部门更希望把项东村的日用制品厂作为一个集体企业的样板来进行宣传。在当时的温州市委和苍南县委"建设社会主义新农村工作组"的联合支持下，日用制品厂最终于1987年被定性为集体企业，而不是股份制企业（王晓毅等，1996）。

日用制品厂最终定性为集体企业后，直接带来了四个方面的问题。第一个问题直接与温州人的性格有关，即一般大家都希望企业是自己的。因此，一旦日用制品厂被最终定性为集体企业之后，不少企业的老员工特别是有一技之长的老员工开始逐渐离开日用制品厂而创办真正属于自己的新企业，企业的技术力量就此变得相对薄弱了。第二个问题与管理企业的方式有关。既然企业最终被定性为集体企业，为了保证企业经营效益不至于下降，日用制品厂于1989年开始实行承包经营制，以车间为单位实行承包经营，3个车间基本上变成了3个独立的经营单位；1994年企业进一步实行了租赁制改革，将承包者的承包关系改为租赁关系（王晓毅等，1996）。第三个问题是企业被定性为集体企业后，企业职工以前的各种投资加上利息收入于当年（即1987年）一次性地全部退还给了职工。第四个问题是既然是集体企业，企业就必须将其利润的一部分交给村集体支配，集中用于发展村里的公益事业。根据王晓毅和朱成堡（1996）的调查，日用制品厂只是支付一定的管理费给村集体，1990年以前是每年1万元，从1990年开始增加到1.5万元。据初步核算，到1994年为止，日用制品厂共向村集体提供了大约20万元的管理费。主要用于三个方面：一是用于村里一些基础性公共设施建设，包括在村里建了自来水厂，修建了村里的道路，在村里安装了路灯等；二是部分地支持了农业生产，如购买了抽水机船等；三是用于村干部的工资开支。

其次，日用制品厂的意义不仅体现在给村里交管理费上面，而且也直接影响到项东村在当地乃至在全省和在全国的名声和影响力。这就具有了相当重要的政治意义。项东村之所以在20世纪80年代末和90年代初在当地甚至在全国都有比较大的名气，项东村的党支部书记项祖委之所以当年经常得到上级各部门的表彰，受到各级政府主要负责人的接见，等等，所有这些村集体和个人所得到的政治待遇都是因为一个原因，那就是日用制品厂在本村的存在及其良好的业绩表现。因此，没有了这个企业，所有的这些政治待遇和政治地位也就随之化为乌有。

再次，日用制品厂为项东村的发展带来的不仅仅是我们以上所提到的直接的经济和政治效应，而且还有许多间接效

项东村总体看来变化并不大

应。譬如说，当日用制品厂处于其发展十分红火的时期，从其他地方到项东村来做生意的人络绎不绝，车流量也很大，从附近各地到该村打工的人也很多，村民的房子也很好出租，呈现出一派繁荣的景象。自从日用制品厂衰落以后，相应地在各方面也都表现出比较明显的萧条气象。

最后，如果我们换一个角度看问题，日用制品厂的衰落也不全是坏事。其中的一个比较好的现象，就是第一批于70年代进入企业的老员工和技术骨干在日用制品厂倒闭后都创立了自己的企业。其中不少人的企业现在办得非常成功。从笔者最近一次到项东村调查所掌握的情况来看，年销售额超过100万元的企业就有15家，其老板都是过去日用制品厂的技术和管理骨干。不过，这些企业现在大多是办在项东村之外的城镇，而不是办在项东村。

项东村不少村民到附近镇上落户、创业

三 故事引出的问题

　　日用制品厂倒闭了，项东村也因此而失去了当年的光泽。应该说，这确实是一个具有一定悲情色彩的故事。十多年来，不少人（包括笔者和他的一组曾经于20世纪90年代初期到该村做过调查研究工作的同事）都在思考同一个问题，即项东村的故事为什么会出现一个大家当初都没有想到的结果。弄清这个问题并把握问题的实质对于我们加深认识和积极推进目前的新农村建设事业具有十分重要的意义。否则，我国"十一五"时期作为重中之重的"建设社会主义新农村"规划纲要就难以得到具体落实，我国的广大农民也难以从这项伟大的历史性战略的实施中得到实惠。这样的事情已经在20世纪60年代后期和70年代前期"建设社会主义新农村"的政治运动中发生过，项东村的故事也给我们敲响了警钟。通过2006年10月份的调查，笔者对这个问题有了一些新的认识。

项东村20世纪60年代建设的"社会主义新农村"民居

见证了企业兴衰变化
全过程的项东人

（一）
部分村民的几种看法

第一种看法：主要是人的问题

　　根据笔者的观察和了解，相当多的项东村村民认为日用制品厂的衰落主要是人的问题。也就是说，问题主要出在人上面。具体说来，由于项东村两个关键人物在该村历史发展的关键时期出现了问题，所以致使"悲剧"不可避免。这两个关键人物分别是最初于1972年带头创办"项东日用制品厂"的项金杰和项东村党支部书记、"项东标牌厂"创始人之一的项祖委。

　　根据这些村民的看法，项金杰是一个非常有远见、有能力的人。但当由他带头所创办的企业和由项祖委带头所创办的企业合并之后，项金杰与项祖委之间存在一定的矛盾，所以"干得很不愉快"。于是，项金杰最终于1987年离开了日用制品厂，回到金乡镇重新创办自己的企业了。随着他的离开，当年共有43人也离开了日用制品厂，使当时全厂的职工人数一下子由213人剧减到了只有170人。两年后的1989年，企业的销售额开始出现下滑趋势，之后企业就一蹶不振。显而易见，项金杰离开日用制品厂对该企业的发展是造成了十分明显的不利影响的。

　　部分村民将责任归咎到项祖委身上，是因为他们认为项祖委这个人在两个方面存在不少问题：一是因为"项祖委的心胸不够宽广，将一批很有能力的人从日用制品厂赶走了"（包括我们在上面提到的项金杰，相当多的一部分从项东村出来到龙港镇办分厂的人也应该属于这样一种情况）；二是因为项祖委"花钱大手大脚，浪费了不少企业的钱"。

第二种看法：主要是企业管理方面出了问题

　　归纳另一部分村民的意见，当时日用制品厂在管理方面主要存在三个方面的问题：一是1989年盲目推行以车间为承包单位的企业承包制，使3个车间实际上变成了3个相当独立的企业，从一定意义上起到了分化日用制品厂的不利作用；二是1994年进一步将承包制改为租赁制，生产车间与企业之间的关系完全变成了租约关系，企业职工与企业之间的关系也全部改为合同聘用关系，过去的正式职工与合同工制度被废止，企业和职工都被进一步分化，车间的独立性进一步增强；三是1990年日用制品厂花30万元在龙港镇办了一个分厂，由于种种原因，这个分厂于次年就从日用制品厂独立出去了，导致企业的28个主要技术和管理骨干（包括项延龙、项芳印等）以及部分其他相关资源（如客户、资金、设备、技术等）的流失。

　　总之，由于这一系列在企业管理方面的重大调整，最终结果实际上不是改善了企业管理、提高了企业效率，相反却不断分化了企业，加速了企业衰退的步伐。

第三种看法：主要是当时的宏观经济环境发生了重大变化

　　部分当年的企业骨干告诉笔者："当时整个国家的宏观经

昔日的分厂、今日的"港发"，企业产权完全发生了变化

治理、整顿限制了人们的某些经济活动

济环境发生了很大的变化，让我们难以适从。"变化主要表现在两个方面：一是从1988年下半年开始，经济发展速度与以前相比有所减缓；二是1993年以后，整个市场竞争开始变得异常激烈。

这使笔者马上想到了当时我国宏观经济形势所表现出的两个重要变化：一是为了缓解1988年及其以前出现的经济增长过热的问题，中共中央在1988年9月召开的党的十三届三中全会上提出了"治理经济环境，整顿经济秩序"的三年经济政策，整个国家的乡镇企业发展也随之进入了"调整、整顿、改造、提高"时期，直到1991年底结束。在那三年期间，国家从总体上讲对乡镇企业发展采取的是一系列限制性政策，譬如说国家财政和银行对乡镇企业的资金供应都是限制的；大幅度地压缩了基本建设规模，致使当时1 000多万农民工回流农村；国家关闭了许多生产资料市场，并重新对那些重要的生产资料市场实行国家垄断性专营；根据国家当时新制定的产业政策（1989年3月15日公布），关、停、并、转了一批小企业，其中仅1989年一年就有300多万个乡镇企业被关、停，2万多个乡镇企业被暂停。这样，导致1989年全国乡镇企业的增长速度和经济效率都比前几年大幅下降。直到1991年底治理整顿结束，乡镇企业的各项经济指标才出现回升的局面（胡必亮等，1996）。

二是中国共产党十四届三中全会于1993年11月份正式明确地将我国经济体制改革的目标定位为建立社会主义市场经济体制（胡必亮等，1996）。因此，从1994年开始，人们的市场观念得以强化，整个国家的市场化程度有了明显提高，市场竞争明显加剧。

由此可见，从宏观角度讲，项东村和日用制品厂的故事发生和发展的结果也并不完全是一种孤立现象，而是当时国家宏观政策调整在农村基层发展中的部分反映。

不过，笔者尽管对于以上村民所提到的各种具体原因都特别理解，也表示部分赞同，但是，笔者并不认为以上三个方面或三个层次（微观层次、中观层次或宏观层次）的原因就是项东村的故事所引申出来的全部问题。更重要的是，笔者并不认为以上原因就是项东村的故事所引申出的主要问题。

市场竞争更加激烈

（二）
关键在于城镇化的影响

　　经过这些年来对项东村的调查研究与思考，笔者明显地感到，从空间角度来看，解放以来项东村的要素流动大致经历了三个不同阶段：20世纪70年代至80年代中期，项东村作为项家桥地区的一个区域经济中心，具有比较强的吸纳周围经济资源的能力，因此日用制品厂等企业得以在这里建立和发展，几十家小的商业和服务业摊点也在这里聚集；在从1990年左右开始到2005年的大约15年间，项东村的经济资源大规模向外流出，直接造成了日用制品厂等工业企业的衰落和村里的商业服务业市场的萧条；从2006年开始，不少从项

项东村方便的水运曾使其
成为周边的经济中心

城镇化进程从另一方面
影响项东村的发展

东村外出的企业
家已经考虑开始
从他们目前所在
的各地城镇回迁
到项东村。

龙港镇距项东村仅约10千米

对于以上提
到的第一阶段的
那段时期的基本
情况，笔者本人
没有什么亲身感受，但听村里的老党支部书记项祖委和其他
村干部以及村民反复给笔者讲过那段时期的发展情况。对于
第二阶段的情况，笔者及其同事们应该说就有比较深刻的直
接感受了，因为我们自1994年以来曾多次到项东村对该村进
行多角度的跟踪调查。客观地讲，笔者所提出的第三阶段，
实际上目前还只是个人的一个基本判断而已，而形成这个判
断的基础在于笔者2006年10月份的那次调查。也正是有了这
样一种基本判断，笔者才有了撰写这本小书的动力与兴趣。
这将在后面的章节中作更进一步的专门探讨。

在笔者看来，三个阶段的经济要素流向实际上是受一个
因素左右的，即它们所反映出的是同一个问题，那就是城镇
化问题。

从第一阶段的情况来看，由于项东村地处原项桥乡
（1951年3月至1956年1月及1957年3月至1958年9月的建制，
1961年10月至1984年5月期间则叫"项桥人民公社"）所在地

20世纪中期项东村已成为
当地的行政、经济中心

当地的教堂也位于项东村

附近，对于周围的其他8个行政村（包括桐桥、林家塔、山下、李家车、李前、李后、孙家河和小河川底，但不包括项西）而言，具有一定的行政中心意义。更为重要的是，项东村具有河运优势，通过河运可以连通周围各主要乡镇和区域性城市。正因为如此，项东村在解放前一直都是一个十分重要的区域性米市和木材市场。由于在从解放后直到20世纪80年代中期的一段时期，我国整体的交通事业发展尚处于不发达状态，加上城镇的恢复性发展尚处于起步阶段，因此项东村所具有的传统水运优势继续显示出了其强大的吸引力，辅之以乡政府（公社）所在地的行政与政治影响，它在改革年代率先起步并得以快速发展也就不难理解了。

项东村之所以在我们所说的第二阶段（1990—2005）表现出十分严重的衰退现象，不能说我们在上面所提到的村民的各种看法没有道理，那些都是事实，也都是重要的直接原因。但是，笔者认为它们都不是最根本的原因，最根本的原因在于其背后造成经济资源从项东村向外流动的区域城镇化因素。

我们前面提到过，在从1990年到2005年的15年间，各种重要的经济资源不断大规模地从项东村外流，最终终结了项东村从70年代开始的近20年的辉煌历史。那么，我们需要进一步研究的问题是：外流的都是些什么样的经济资源？它们都流到哪里去了？为什么会发生这样的外流？为什么在那样一个特定时期发生了大规模资源外流的现象？

首先，让我们来看看外流的都是些什么样的资源。根据笔者2002年9—10月份所做的实地调查，外流的主要资源是人口和劳动力。问题的关键在于外流的这部分劳动力和人口不只是一般的村民，而多是村里最有水平、最懂技术和最会管理的那部分村民。因此，外流的这部分村民中大部分实际上也都是村里的富裕大户，所以这部分人口的外流也同时意味着大量资金和财产的外流。笔者当年的调查结果表明：在从20世纪80年代中期到2001年约15年间，项东村共有62户、238人迁出了该村，平均每年有4户、16人迁出该村。其中迁出人口最多的年份是从1988年到1992年的4年间。

不少的项东村村民迁入了附近的钱库镇

其次，从这些人的流向来看，根据笔者2002年的实地调查资料，笔者调查的62户从项东村外迁的家庭，全部都是迁入到了附近不同规模的城镇，但以迁入离家乡最近的龙港镇（离项东村15千米）为最多（47户，占迁出总户数的75.8%），其次是离村只有2千米左右的钱库镇（9户，占迁出总户数的14.5%）和离村19千米的县城镇——灵溪镇（6户，占迁出总户数的9.7%）。

笔者的同事王晓毅和朱成堡（1996）于1994年在项东村所做的实地调查说明这样一个人口和劳动力外流的现象在当时就已经很明显了。根据他们对24个外迁户的调查，有20户迁移到了龙港镇，占所调查迁移户的83.3%；3户迁到了钱库镇，占12.5%；有1户迁到了宜山镇，占4.2%。

第三，项东村村民这样大规模往外迁移的原因是什么

龙港镇的"龙河家园"小区

呢？城镇化的影响：一方面是来自像龙港镇、灵溪镇等的强烈吸引，另一方面则是由于项东村本身在城镇化发展方面存在着比较严重的制约，村民们在这方面看不到什么大的希望，至少短期如此。

关于龙港镇、灵溪镇等对农民的吸引力问题，自然不难理解，我们也将在后面进行专门讨论。我们在这里需要说明的是：从20世纪80年代中期开始，我国经济体制改革的重点逐步由农村转向城镇，城镇发展速度加快，基础设施条件迅速改善，农民在城镇经商务工的机会增加，加上农村人口和劳动力进入城镇的政策有所松动（如农民可以自带口粮进城），因此农村劳动力和人口开始不断地进入各级各类城镇。从总体上讲，温州地区在这方面所发生的变化应该比我国其他地区还要大一些。

可是，从项东村的具体情况来看，在周边城镇的吸引力逐步增强的同时，该村在基础设施建设方面基本没有改善，特别是陆路交通建设没有任何起色，村庄与外界的交通联系仍然依赖于历史上形成的水路交通方式。这样就直接带来了两方面的不利影响：一方面，外地的客户乃至供货商进入项东村做生意与过去相比，变得相对更加困难了，因此不少客户和供货商就不再愿意与项东村的企业做生意，而是改为与位于附近城镇（如龙港镇、灵溪镇、钱库镇等）的类似企业做生意。久而久之，位于项东村的一些企业（如日用制品厂）就很难继续生存和发展下去。另一方面，除了客户和供货商不愿意进村以外，村里的企业从外地采购的设备、原料等有时也很难运到村里来。村里德高望重的老企业家项延龙曾经就告诉笔者他亲身经历过的这样一件事情："有一年，日用制品厂从外地购进了一套比较大型的机器设备，由于项东村不通陆路，所以只有通过水路将机器设备运到村里。但当装运机器设备的船到达项家桥后，由于桥面离水面太低，船始终过不去。实在没有别的办法，最后只得找人将机器设备抬到了工厂。"

正因为大家都看到了这样的问题，日用制品厂的主要负责人才决定于1990年投资30万元、派出企业的28名技术和管理骨干，在龙港镇办一个分厂，试图解决交通上的制约与瓶颈问题。但由于种种复杂因素的影响，这个分厂在还清了30万元投资款的情况下于次年迅速脱离其母公司，而变成了另

龙港的交通发展吸引了更多的人口与经济活动向该镇集中

一家与其母公司直接竞争的独立的股份制企业。

村里的其他企业也逐渐地纷纷离开项东村而迁移到了其他城镇。笔者通过2006年10月份与部分离开项东村而到附近城镇创办企业的项东籍企业家的座谈会，了解到项东村有许多非常优秀的企业家都于过去不同时期将自己的企业搬迁到了城镇，或在城镇新创立了自己的企业。有的企业家的年销售收入已经超过亿元了。笔者目前所掌握的在外经营企业年销售额超过1 000万元的项东籍企业家就有12人，如果加上年销售收入超过100万元的企业家，一共有28人。如果按照这些企业家目前的企业所在地分类的话，龙港镇15人，上海市6人，沈阳市3人，杭州市2人，福州市1人，钱库镇1人。

除了资金充足的企业家外，到城镇打工的普通村民就更多了。我们已经在上面有所涉及，故不再作详细介绍。

最后，从项东村村民大规模外迁的时间上看，笔者的调查表明主要发生在1988年至1992年之间。王晓毅和朱成堡（1996）所调查的24户的结果也表明他们中的绝大多数（75%）也是在这一时期从项东村迁移到各类城镇的，其中1991年有10户，是历年中最多的一年，占41.6%；1992年4户，占16.7%；1990年也是4户，占16.7%；其余的6户则是在1984年到1987年间从项东村迁移出去的，占25.0%。这正好与我国当时积极鼓励和支持引进外商直接投资，同时逐步放松对农村劳

年轻人更喜欢龙港镇的生活方式

动力进城的限制政策在时间上是相吻合的，也直接与当时城镇的基础设施条件得以大幅改善与提高有着密切的联系。

笔者最近重读同事王晓毅和朱成堡10多年前在完成了对项东村的系统调查后所写的专著时，对其中的一段话产生了前所未有的强烈共鸣，因为笔者这些年来通过多次对项东村的实地调查研究，发现他们当时的感觉与判断是非常敏锐的。他们认为，"就投资环境和投资效益而言，显然城镇优于农村，这就使得在农村集聚起来的经济要素要向城镇流动。……（因此，）要使项东村经济、社会有一个更大的发展，必须有两个先决条件：一是钱库镇迅猛地向城市化发展，其外围空间迅速辐射扩展到项东村；二是目前项东村内任何一个企业，在资金和科技含量上有一个质的飞跃，迅速膨胀为钱库镇以至苍南县的龙头企业，从而带动全村的发展"（王晓毅等，1996）。

笔者的这两位同事根据当时的情况判断说："但目前这两个先决条件的出现和产生还没有多大迹象"（王晓毅等，1996），自然项东村的发展前景也就不甚乐观了。不过，笔者现在的基本判断是：对于第一个先决条件而言，不仅是可能的，而且也正是我们在新时期推进新农村建设过程中需要做的一件大事。关键的问题在于我们应该如何做好这项伟大事业，即如何在新的历史条件下将进一步推进城镇化与促进新农村建设有机结合起来。这不仅涉及到现实的调查研究工作，同时也需要作一些相应的理论上的和公共政策方面的探讨。

龙港镇的投资环境更好

四 认识问题的角度及其
所涉及的理论背景

    通过以上分析，我们认为应该将认识项东村问题的角度调整到城镇化上面来。为此，我们需要从理论上对城镇化问题的相关背景作一些必要的介绍与概括，以便我们从理论上把握城镇化的本质特征，进而结合项东村的现实情况，进一步思考如何从根本上解决项东村的未来发展问题。我们这一部分的主要任务就是试图从理论上将城镇化这一问题说清楚，相应的改革意见与建议则将在下一部分（第五部分）作专门讨论。

龙港镇区一角

城乡转型：城镇化的本质

既然我们认为项东村的问题主要是一个城镇化问题，那么我们首先要问的问题就是：城镇化究竟是一个什么问题？城镇化问题的本质又是什么？只有从理论上弄清楚了城镇化问题的本质，才能更好地帮助我们在现实中找到问题的答案。

1. 城镇化

根据目前人们普遍接受的看法，所谓城镇化，就是指一个国家或一个地区的人口不断地从其工作、生活和居住在乡村转变为工作、生活和居住在城镇的历史过程。也就是说，城镇化就是指人口在空间上实现转移（从乡村转移到城镇）和集中（越来越多的人口和劳动力集中到少数越来越大的城市或城镇）的历史过程。因此，一个国家或地区的城镇化水平通常也就被人们简单地表述为该国家或该地区城镇人口占其总人口的比重。譬如说，我国2005年的城镇化水平已经达到了43%。与我国改革开放初期的20世纪70年代末的18%

龙港镇是我国农民建城、农民进城的典型

（1978年）相比，确实提高了许多。但与美国及其他发达国家相比，我国的城镇化水平从总体上讲还是处于比较低的水平：2000年，美国的城市化水平为77%，英国、德国、法国和日本同年的城市化水平分别为90%，88%，75%和79%（联合国人居署，2006）。

实际上，城镇化所包含的内容远比单一的人口在城乡之间的分布及其变化状况丰富得多，也复杂得多。

2. 城镇化的本质

根据笔者的理解，所谓城镇化问题，从本质上讲应该就是一个城乡转型的问题。也就是说，城镇化的本质应该是指一个综合性的、整体性的、全方位的转型过程，即从农业经济转变为工业与服务业经济（经济结构的转型）、从土地的乡村利用转变为城镇利用（土地利用在空间结构上的转型）、从乡村社会转变为城镇社会（社会形态的整体转型）、从乡村生活方式转变为城镇生活方式（生活方式的转型），进而从乡村文明转变为城镇文明（文明形态的转型）的包括了经济、社会、政治、文化（包括了人的行为方式）、人口以及空间结构等各方面的转型过程。

在理论界，早就有一些学者在研究城乡关系时用到了城乡转型这个说法，也就是英文的 "rural–urban transformation"。譬如说Fu-chen Lo, Kamal Salih 和Mike Douglass（1981）合写的文章以及J. Vernon Henderson 和 Hyoung Gun Wang (2005)合写的文章都提到了这样一个术语，并进行了专门讨论。但他们都不是用这样一个术语来概括整个城镇化过程的，也没有明确地提出城乡转型就是城镇化的本质所在。笔者认为，完整意义上的城镇化就是城乡转型，城镇化过程就是城乡转型过程。当然，对于某些特定的国家或地区而言是会有例外的，比如说对于新加坡、香港这样的城市国家和城市地区而言，它们的

处于城乡转型期的项东村及其周边地区

城镇化过程就不是一个城乡转型的问题。但这样的情况毕竟只是特例而已。

城镇化即城乡转型，古来如此。人类文明产生和发展的基本路径大约是这样的：首先是一些地方性的农作物被当地人驯化并得以人工种植，然后出现定居型的农业村庄，继而部分农业村庄在一定历史条件下转型为城镇。因此，我们将在以下部分通过现有研究成果具体说明村庄的出现要早于城市3 000～5 000年这样一个基本的历史事实，进而进一步说明城镇主要是由村庄转型而来的。

新加坡一景

3. 村庄的出现

根据J.麦金托什和C.特维斯特等（2006）的看法，在人类文明发展过程中，小麦和大麦等作物大约是在10 000年前首先在近东地区的所谓肥沃月湾［也称新月形沃地或新月形地带，即Fertile Crescent。它的分布呈狭长的弓形，东起波斯湾，经美索不达米亚平原（今伊拉克和叙利亚东部），沿地中海岸向南穿过今黎巴嫩和以色列，其中巴勒斯坦在其地带正中部］被当地的人们种植。随后，在公元前8000年左右，近东等地区出现了永久性村落。公元前7500年，位于今巴勒斯坦的杰里科（Jericho）作为一个大型农牧定居点，已经建有石墙和巨大的瞭望塔（正因为如此，也有研究者将杰里科看做是城镇）。其他著名的农业村庄有位于幼发拉底河上游的阿布胡列拉村和位于科尼亚盆地（今土耳其中部地区）的加泰土丘等。

中国 香港

J.麦金托什和C.特维斯特等（2006）认为，大约在公元前6500年，粟和高粱在中国北部地区开始被当地人种植；到了公元

前6000年，长江流域地区开始种植水稻。公元前5000年左右，农业村落随之在中国出现。而对于美洲而言，在某些地区，如在秘鲁沿海一带，由于当地人主要是靠捕捉贝类动物为生，不是以种植农作物为生，因此村落在美洲的出现要更早一些，大约在距今13 000年以前。但是，建立在农作物种植（如西葫芦、豆类、辣椒等）基础上的农业村落也只是到了公元前5000—前4000年之间才在中美洲的许多地区出现。

4. 城市的出现

根据许多著名学者的研究考证，城市是在永久性农业村庄出现大约3 000~5 000年后才出现的。也就是说，一般地讲，城市只是到了公元前3000多年才出现，距今只有5 000多年的历史。当然，也有学者认为城市的出现要比这个时间更早一些。

城市研究的鼻祖之一L.芒福德（2005）认为：城市的产生"也就是公元前3000年，前推后移不多于几个世纪"。因此在L.芒福德眼里，城市发展史具有5 000年历史。他认为早期的城市都是首先出现在大河流域地区的，如尼罗河(Nile)、底格里斯河(Tigris)–幼发拉底河(Euphrates)、印度河、黄河流域等。其中一些具有代表性意义的城市主要包括乌尔城（Ur，公元前3000—前2000年之间巴比伦的首府，在今伊拉克境内）、尼布尔城（Nippur， 古巴比伦王国苏美尔地区古城，在今伊拉克东南部）、乌鲁克城（Uruk）、底比斯城（Thebes，

底格里斯河

幼发拉底河

尼布尔城

乌鲁克的神庙

埃及古城）、太阳城（Heliopolis，古代尼罗河三角洲上的城市，在今开罗城北）、阿叔尔城（Assur，底格里斯河上游古城）、巴比伦城（Babylon，古巴比伦王国首府，今幼发拉底河下游）等。

城市经济学家A.奥沙利文（2003）与L.芒福德的判断基本相同，即他也认为人类历史上的第一批城市是在公元前3000年左右出现于近东肥沃的河谷地区的。

但是，S.科斯托夫（2005）却认为，尽管第一批真正的城市是在公元前3500年在底格里斯河和幼发拉底河泥泞的平原（在今伊拉克）上出现的，但在此之前，某些聚居地——像杰里科（Jericho）、艾因盖济勒（Ain Ghazal，在今约旦境内）、科罗基夏（Khirokitia）等已经表现出了明显的城镇特征。因此，根据科斯托夫的说法，城市发展到今天应该已经有9 000多年的历史了。

J.麦金托什和C.特维斯特等（2006）认为，城镇是于公元前4000年在美索不达米亚平原和西亚其他地区首先发展起来的。其中，位于美索不达米亚平原的乌鲁克被认为是世界上最早的城市，建立于公元前4000年。从公元前4000年开始，伊朗高原上的贸易城市也开始蓬勃发展［如位于伊朗东部的阿拉塔（Aratta）、沙赫尔索赫塔等］。到了公元前3400年，埃及也出现了围有城墙的城市［如著名的孟斐斯（Memphis），埃及统一的标志性城市］。这样算来，城市发展至今已有6 000多年的历史了。

古孟斐斯遗址

5. 从村庄向城市的转型

我们所关心的重点并不是村庄和城市本身产生的历史起源问题，而是这两者之间的关系问题。具体地讲，就是要说明历史上城市是否主要是由村庄转型而来的。

我们知道，城市具有多种不同类型，各种不同类型的城市形成的原因和它们的功能是各不相同的。因此，当我们说城市是从村庄转型而来时，指的是其中的一种主要转型形式，而并不是说所有的城市都是通过这样的方式转型而来的，更不意味着在历史发展的某一时期村庄都将转型为城市。

说到城乡转型，我们马上就会想到颇具争议性的杰里科。上面已经提到过，杰里科是在公元前7500年出现的。人们通常都是将其作为早期村庄的典型之一加以研究的。考古学家基本上都认为杰里科和查托休依克（Chatal Huyuk，位于今土耳其境内）属于世界上出现最早的两个农业中心，即农业村落（麦金托什等，2006）。但确实有许多学者是将杰里科作为最早期的典型城市来研究的。比如说，L.芒福德就认为杰里科应该是一座城市，不过他认为作为一个城市，在历史上出现得那么早，应该算是一个例外。S.科斯托夫之所以认为城市发展的历史要比5 000年更长一些，主要原因就是他将杰里科这类的固定居民点定义为更多地具有城市聚落特征，而不主要是村庄形态。

对于同一个固定居民点，为什么在城、乡定性上会出现这样的分歧呢？这本身就说明了像杰里科这样的固定居民点就是通过城乡转型方式而形成的。只不过有的学者认为这样的转型在当时尚没有完全完成，应该继续将它作为村落看待；有的学者则认为这样的转型已经基本完成了，所以应该将它当做城市看待。

巴勒斯坦 杰里科

J.麦金托什和C.特维斯特等（2006）通过研究整个人类文明史的发展过程，发现古代城镇主要是从古代村落中发展而来的："随人口增长、人口密度增加，居留地也逐渐扩张。村落让位于城镇，而城市又取代了城镇。"但是，"城镇和城市不仅仅是高度发展的村落，而是包括大量公共建筑、容纳从事各种行业的人口的中心。城市也往往是主要的政治中心——比城镇更大、更复杂。"

L.芒福德（2005）更是非常清楚地表明："城市的胚胎构造已经存在于村庄之中了。……组织化的道德、政府、法律、正义，这类事物都起源于村庄社会的长老会议。……早在公元前4000年就已存在于美索不达米亚地区了，而它的发端则必定更早于任何文献记载。……几千年后，巴比伦的众神会议仍然沿袭着这一古老的乡村形式。"这说明城市的基本精神也是从乡村中延续、转型、发展而来的。

根据L.芒福德（2005）的观察，"村庄向城市过渡的第一件事，就是建成区和人口的扩大。"但是，这种地域和人口的扩大并不是村落转型为城镇的决定性因素，决定性的因素是要看有多少人口在统一的控制下组成了一个高度分化的社区，去追求超乎饮食、生存的更高的目的。这就是他所一直强调的村庄向城市过渡或转型的关键在于方向和目的，也就是说村庄要因此而进入一个新的组织构架之中，而这个新组织中的关键因素就是王权制度，国王在城市聚合过程中占据中心位置，工业和商业都是依附于这种王权的。因此，人口和土地规模就更不是关键因素了。

S.科斯托夫（2005）则并不认同城市主要是从村庄成长出来的思想。他认为："我们首先应该放弃的一个概念就是，城市是从村庄形式开始有机地生长起来的，就像树苗变成大树，这是人们非常容易联想到的一个画面。无论这种渐进式发展的实际几率有多少，我们都不应该错误地认为非几何性城市是某种简单聚落不断缓慢增生过程的不可避免的结果。……许多城市从一开始便丝毫没有表现出自然的或者有机的特征。有些城市，例如拉洪（El Lahun），实际上是工人的生活区而并非全面成熟的城市。"

尽管我们并不完全同意S.科斯托夫的看法，但他所说的这种情况是存在的。因此，当我们强调城乡转型过程对于城镇化的极其重要性时，也应该充分注意到其他方式对于城镇化的作用和影响。

6. 城乡转型的主要动力

如果我们说城镇化过程主要是城乡转型的过程，那么接下来我们关心的问题就是，究竟是什么力量推动了城乡转型或者说是什么力量推动了城镇化过程呢？在这个问题上，理论研究方面的结论与来自不同国家的实证结果总体上讲是一致的，但在表述上可能有些差别。因此，我们将理论研究与实证研究的结论分开作些简单概述。

从理论上讲，关于城市起源与动力的学说大致有这样五种说法：一是所谓的"剩余说"，即一旦村庄居民在自给自足之外能够提供一定的剩余农产品，特别是能提供一定的剩余粮食之后，城市就会出现（科斯托夫，2005）。二是所谓的"市场说"，即交换的发展促使一些具有枢纽性意义的集市得以产生，进而逐步成长为城市（Jacobs，1969）。三是所谓的"防御说"，即认为出于防御外敌入侵的需要，固定居民点的居民修建高墙，建立瞭望哨，城市得以建立起来（Carter，1983；麦金托什等，2006）。甚至在有些地区，如在古代印度和伊朗边境地区，当地居民修建高大的石墙环绕他们的居民点的主要目的只是为了防御随时可能出现的洪灾（麦金托什等，2006），这样也能促使城市产生。四是所谓的"宗教

印度拉贾斯坦古老的石墙
（Warren Apel 摄）

说"，即认为由于宗教活动的需要而使城市得以产生和发展起来（科斯托夫，2005）。五是所谓的"当政说"，即认为不论哪方面的动力最终都必须得到当政机构和当政者的支持和认可，否则所有以上提到的动力都不可能推动城市的出现与发展（Carter, 1983）。有人干脆认为王朝与王权才是城市建设的最重要动力，譬如说我们上面已经提到过的L.芒福德基本上就是持这种看法。

古老的教堂

具体到经济学理论上，解释推动城市出现与发展的动力因素主要有三个，即区位比较优势、规模经济效应与集聚经济效应，其中规模经济效应又是最重要的。因此，当经济学家A.奥沙利文（2003）解释这个问题时，基本上都是从规模经济角度入手的：农业剩余出现后，集中的批量储存取代分散的家庭储存而具有剩余产品储存上的规模经济，随之出现了一群专门从事剩余产品储存管理和防卫的专业人员，于是，储藏服务中的规模经济导致了防卫性城市的出现；宗教的发展使越来越多的人参与到大规模的宗教活动中来，促使神职人员和宗教活动地越来越集中，从而出现了因宗教活动中的规模经济而产生的宗教性城市及其发展。L.芒福德（Mumford，1961）也是持这种看法。

希腊古城

从城市发展的现实历程来看，我们首先应该在认识城乡转型问题上有一个清晰的历史观，即我们应该清楚地明白：处于不同历史发展时期的城乡转型与城市发展的基本动力是有一定区别的。譬如说，公元前3 000多年推动人类文明史上从村庄向城市转型、从而在近东地区出现第一批城市（如乌尔、巴比伦等）的基本动力，与公元前500年推动希腊城乡转型和城市发展以及后来推动罗马从乡村向城市的转型的基本动力是不一样的；同样，推进封建时代城市发展与推进资本主义城市发展的主要动力也是有差别的。尽管如此，从认识事物的基本特征来看，我们仍然需要从历史发展的轨迹中抽象出一些带有共性的基本要素作比较与分析。

根据经济学家A.奥沙利文（2003）的总结与概括，推进城乡转型或者说推进城镇化的基本动力主要包括：（1）农业劳动生产率水平得以提高，从而一方面可以提供更多的剩余农产品，另一方面可以从农业部门释放出大量的劳动力从事非农经济活动。与此相关的一个重要因素就是农业技术的创新与发展。（2）工业革命促使机器普遍地用于生产，生产中的规模经济效应得以体现，制造业中的批量生产出现，吸收大量劳动力从乡村迁移到工业生产集中的地方。制造业生产与就业的大规模集中促进了工业型城市的产生与出现。（3）交通技术的改进与发展（包括蒸汽船和铁路的使用、高速公路的建设、空中航线的开通等）使得农产品、工业品等各种商品的运输成本大大降低，而且速度加快，促使资源向具有比较优势的区位集中。（4）建筑方法与建筑材料的革新，比如说以钢铁为材料的高层建筑（而不是以砖瓦为材料的低层建筑）在19世纪后期的出现直接改变了人类的聚落方式与景观，从一个方面也加速了从乡村向城市的转型。

L.芒福德（2005）在看待城镇化发展的动力因子问题上，重点强调了五个方面的要素：（1）农业革命的积极意义，因为农业革命驯化了各种粮食作物，创造了犁耕文化和灌溉技术；（2）人口的不断增长，特别是19世纪以来人口的大量增长；（3）瓦特发明的蒸汽机用做主要动力后，使工业和工厂也和人口一样实行大规模集中；（4）新的铁路运输网大大促进了城市的扩张；（5）城镇总是不断地从农村地区吸收劳动力和人口，特别是在落后的农村地区，人口更是加速不断地外流到城镇地区。"在英国，在整个19世纪……城市是依靠从农村不断输入的新的生命才能生存下去的。新的城镇是由大批移民建立起来的。1851年时，在伦敦和其他61个英国城镇上，居住20年以上的3 336 000居民中，只有1 337 000人是在他们所居住的城镇上出生的。"（仅占40%——笔者注）

铁路运输

H.A.Diederiks（1981）在系统研究了自1500年以来西欧的城市化历程后认为，促进西欧城乡转型和城市化发展的主要动力包括七个方面的因素：（1）工业化以及由此带来的专业化；（2）劳动力市场的发育与发展以及大量的乡村劳动力移民进入城镇；（3）交通技术的发展，比如说19世纪的火车和20世纪的汽车的作用；（4）投资、资本形成与城镇基础设施建设；（5）比较强的消费需求；（6）强烈的企业家创新精神；（7）城镇与区域发展规划。

英国 伦敦

联合国人居中心（1999）在总结了世界城镇化发展的历史经验后发现，尽管一个国家的城镇化水平与许多重要因素相关，但其中四个方面的因素及其影响尤其重要，那就是一个国家的经济发展水平（通常以人均国内生产总值表示）、政府所制定的城镇化政策、一个国家的农业人口的规模，以及非农产业发展的水平。

因为美国是一个在很短时期就"把农村搬入城市"的国家，所以不少学者对这个国家的城乡转型与城镇化作了深入细致的研究。他们的研究结论值得目前正处于快速推进城乡转型过程中的发展中国家借鉴和参考。

J.M.利维（2003）认为，五大动力推进美国的城乡转型和城镇化发展：（1）全国人口增长。（2）农业机械化水平提高后，大量农村劳动力不断地离开土地到城市从事工业生产。（3）工业革命将家庭手工业转成大工厂生产，既极大地增加了对劳动力的需求，又促使大量的生产者和管理者在单一点上集中，并就近居住，还促进了百货公司的发展。（4）交通的发展。继1916年联邦政府在公路建设中发挥重要的积极作用后，铁路和轮船技术在1930年后的迅速发展，进一步低成本地将城市带入了内陆，扩大了城市及其市场范围。（5）一些与城市发展相关的技术创新，如电梯技术和钢结构的结合带动了摩天大楼的建造。

国外小镇一景
（*Pingying* 摄）

美国国际城市（县）管理协会、美国规划协会（2006）在思考这一转型与发展过程时，特别提到了南北战争对于促进这一伟大转型的重大历史意义，因为"南北战争结束了南方种植园经济并在全国建立了以工业制造业为基础的经济结构，又强化和推进了这一转变的进程"。此外，就是铁路在推进这一历史进程中作用非常突出，在当时人们的心目中，"道路成为了新经济的象征"，"火车时刻表、生产线和都市商场的节奏代替了乡村田园的季节更替"。

当然，正如A.奥沙利文（2003）所说的那样，虽然在公元前3000年到公元1800年期间，城市发展迅速，但整个世界主要还是一个乡村社会。直到19世纪初期，城市人口才占世界总人口的3%。整个世界的城乡转型和城镇化发展总体上讲是在1800年之后才逐步完成的。以美国为例，1800年时城镇化水平只有6%，1990年达到了75%，2000年进一步上升到了77%。毫无疑问，工业化在其中起到了关键性的作用，不论是对于美国和欧洲发达国家而言，还是对于世界其他国家而言，都是如此。

我们说城镇化的实质就在于城乡转型，而工业化、交通发展以及农业剩余等对于推进这样一种历史性转型过程具有直接的动力作用。我们需要进一步弄明白的问题是：这样的转型主要是通过什么样的方式实现的呢？工业化、交通发展以及其他动力要素又是通过什么样的机制在其中发挥作用的呢？

（二）
村镇聚（联）合：
自下而上地推进城乡转型

　　既然是城乡转型，就直接涉及到城镇与乡村两个空间主体的互动与转化。当然，最终目的是通过合理的方式将所谓的"边缘地区"转型为城镇地区，也就是将乡村地区转型为城镇地区。但是，即使是从乡村转型为城镇，也并不意味着乡村就一定处于被动地位。事实正好相反，乡村与城镇一样，在这样一个历史性的转型过程中也是处于主动地位的。在这一部分，我们主要是从乡村角度入手观察如何推进城乡转型进程的问题；在下一部分，则重点观察如何从城镇角度入手推进城乡转型进程的问题。

　　借鉴中外历史发展的经验教训，我们认为从乡村方面推进城乡转型进程的一个重要方式就是村镇聚合（synoecism）的方式。根据S.科斯托夫（2005）的研究，村镇聚合这个概念首先是由亚里士多德提出来的。在亚里士多德看来，村镇聚合的本意就是指"共同居住"的意思，通过将邻近的几个村庄在

亚里士多德

西式的小城镇

雅典卫城的巴特农神庙

古罗马废墟上的石柱

行政上统一起来就可以形成一座城镇。亚里士多德曾经这样写道："当数个村庄联合在一个共同的社区之下，而这个共同社区又达到或几乎达到自给自足的规模时，城邦就建立起来了"（转引自科斯托夫，2005）。这样，人们就可以超越原来的部落/乡村生活方式，参与到一个新的自治的团体中去，进入到了城镇的生活方式之中。

S.科斯托夫（2005）认为，在亚里士多德的概念中，村镇聚合首先是而且主要是指行政和政治上的聚合，是为了满足人们的一种有意识的愿望，也就是为了以自由和持久的城邦体制来代替过去部落和宗族的不成文法，并为民主试验和公平法则建立环境基础而实现的一个政治性聚合过程。因此，亚里士多德提出村镇聚合时并不特别强调这样的聚合所需要的技术变革的基础以及商业贸易上的优势等因素。亚里士多德特别强调了村镇聚合这种做法在历史上的普遍性与可行性。

S.科斯托夫（2005）的研究表明：村镇聚合一般有两种形式——一种形式是指人们离开自己原来的村庄，举家搬到一个新建的城镇中去，比如说，在早期的美索不达米亚平原和伊朗，当新的城镇出现后，附近居民就会搬到城镇里去，导致新城镇附近的一些村落就废弃了；另一种形式是指将已有的某些村庄实行集合后使之变成为城镇。

根据S.科斯托夫提供的资料（2005），历史上比较重要的而且也很有名的乡镇聚合的实例主要包括：（1）雅典起初就是由卫城山上的一个城堡与附近的村庄结合而成的，整个村镇聚合过程完成于公元前431年。（2）罗马是在公元前8世纪的某个时期，位于帕拉廷山（Palatine）上的洛穆卢斯（Romulus）聚落与附近几个山顶村庄结合起来而形成的。各村居民填平了分隔各村庄的山谷湿地，并在填平后的谷地上集中建起了社区中心，即罗马广场。（3）威尼斯是在中世纪早期，以现在的圣马可广场（Piazza San Marco）所在地为中心，联合附近岛屿而形成的一个城市。（4）根据传说，意大利的维泰博城（Viterbo）是8世纪后期由当时的国王下令将4个村庄联合而成的一座城市。目前人们看到的该市市徽上的4个字母，就是组成这座城市的4个村庄的名字第一个字母的组合。（5）意大利的城市锡耶拉是与维泰博城同一时期的由3个社区联合而成的城市。（6）俄国的诺夫哥罗德（Novgorod）也是大约在10世纪时由3个独立的聚居区结合后建立起来的。此后，俄国许多城市都是通过这样的方式而建立起来的，因此城市数量快速增加。（7）非常著名的缅甸的典仪中心阿利摩陀那补罗[即蒲甘（Pagan的古称）]是在大约公元9世纪前由19个村镇联合组成的。（8）印度的加尔各答市则是从胡格利（Hooghly，也作Hugli）河岸的一群小村庄发展而来的。（9）伊朗的卡兹维（Kazvin）、库姆（Qum）、马雷（Merv）、卡孜鲁（Kazerum）都是在结合了一定数量的村庄之后形成的。（10）传统的非洲黑人城市有相当多的也是由几个村庄联合而形成的。

由此可见，从历史上看，通过村镇聚合的方式形成城市基本上已经成为一种很普遍的城乡转型模式。而且，世界上许多著名的城市都是通过这种方式形成和发展起来的。正如亚里士多德所指出的那样，早期的村镇聚合有相当多的都是由行政主导的，甚至

印度胡格利河

三峡移民
（陆纲 摄）

是由某个统治者下令实施的，具有一定的强制性。

当然，也有不少例外的情况。比如说，当几个村庄共同拥有一个市场时，随着交易的不断发展，市场规模不断扩大，通常也会出现以这个市场为中心而促使附近村庄联合起来形成一座城市的情况。

还有以宗教为中心联合一些村庄后建立城市的情况。这样建立起来的城市往往具有很强的宗教性。

从现代城镇发展的情况来看，这种通过整合几个村庄而首先形成城镇，进而发展壮大成为城市的情况就更为常见了。仅以我国为例，至少有四类这样的情况在不少地方大量存在：一是适应我国市场经济发展需要，以一个经济发达村庄联合周围几个村庄后变成为一个城镇；二是政府通过"吊庄"形式将那些生存环境差、生态环境脆弱的村庄整体搬迁到由政府统一修建的新的城镇地区；三是由于国家重点工程建设（如长江三峡大坝建设、区域性的水库建设等）的需要，有组

三峡大坝

织地将一些村庄整体地迁移到由政府组织新建的城镇；四是为了节省宝贵、有限的耕地资源，同时促进规模化、低成本地为居民统一提供各种物质基础设施（包括水、电、气、路等）和社会基础设施（包括教育、卫生、文化等），不少地方政府通过实施"合村并点"方案将几个村庄甚至十几个村庄合并后集中在一起，促使一些城镇得以形成。

从一定程度上讲，我国改革开放以来村庄数量不断减少（1985年行政村共有94.06万个，2005年只有64.01万个，20年间共减少了30.05万个，年均减少1.5万个）、建制镇数量不断增加（1985年共有建制镇7 956个，2005年已经共有建制镇19 522个，20年间共增加了11 566 个，年均增加578个）（国家统计局，2006a,2006b），就是我们以上所提到的几种城乡转型方式在现实中出现与发展的结果和具体体现。

总之，不论是从理论上讲，还是从实践来看，不论是古代，还是现代，不论是国外，还是国内，通过各种各样的村庄联合的方式从下至上实行城乡转型、推进城镇化进程都已经积累了十分丰富的经验教训。这就为我们在建设社会主义新农村的新的历史阶段结合各种情况进一步推进城乡转型和促进城镇化发展提供了十分宝贵的参考。

城市区和城市带：
自上而下地推进城乡转型

在工业化已经成为我国经济发展的主导力量、经济全球化对我国的影响日益增强的宏观背景下，除了自下而上地推进城镇化进程外，通过大力发展城市区和城市带的办法，自上而下地推进城镇化对我国具有更加重要的战略意义。

从理论上讲，城镇是带动区域和城乡协调发展的中心，只有依靠城镇并以城镇为中心建立起像L.芒福德所说的一个个相互紧密联系的"区域综合体"（regional entities），才有可能最终带动目前仍然处于不发达状态的区域，以及带动整个农村地区得以快速发展。对于像我国这样一个人口众多的发展中大国而言，更显得尤为重要。从现实来看，经过改革开放以来近30年的积极准备，特别是在我国整体的铁路、公路和港口等交通基础设施建设取得了突破性进展，长江三角洲城市带、珠江三角洲城市带和环渤海城市带已基本成型以及地区性城市区和城市带近年来加速发展的条件下，进一步通过强化城市区和城市带的作用而加速推进我国城镇化进程是保证我国经济持续稳定增长和区域协调发展的重要措施之一。

为了更加清楚地分析问题并提出我们的相关政策建议与意见，笔者将在接下来的讨论中首先对本研究所涉及到的城市区和城市带以及相关概念作些必要的界定，然后简单地介绍一

长江三角洲

珠江三角洲

些相关的国际经验与发展趋势，最后从总体上了解一下我国在这方面可能的现实选择。

1. 城市、城市区与城市带

城市。为了从比较的角度更加清楚地说明问题，我们首先将城市这个大家都已经很熟悉了的概念也作一点介绍。一般说来，城市就是指"人口集中、工商业发达、居民以非农业人口为主的地区，通常是周围地区的政治、经济、文化中心"（中国社会科学院语言研究所，1983）。城市的主要特点就是"高人口密度、拥挤的市内移动、昂贵的土地和以资本替代土地"（梅什科夫斯基，1996）。

很显然，这更多地只是从城市景观上所作的一般意义上的定义与描述。因此，L.沃思在"规模大、密度高"之外特别强调了城市作为一个永久性的定居地，还具有社会阶层多的特点（转引自科斯托夫，2005）。

而L.芒福德几乎是完全针对人们一般意义上对于城市的理解给出自己的不同定义的："密集、人多、包围成圈的城墙，这些只是城市的偶然性特征，而不是它的本质性特征……城市不只是建筑物的群集，它更是各种密切相关并经常相互影响的各种功能的复合体"（芒福德，2005），它是社会核心、是文化中心。而且，L.芒福德特别强调了城市作为文化、精神象征的意义。他（芒福德，2005）说："人类进化的本质就是文化进化。……而城市是文化传播中仅次于语言的一项最宝贵的集体性发明。"这也就是他曾经所说的城市是"权力和集体文化的最高聚集点"的意思。从这个角度讲，J.麦金托什和C.特维斯特等（2006）认为"文明"总是与城市联系在一起的看法（因为城市里聚集了大量的能工巧匠，而且城市与宗教生活密切相关）与L.芒福德的思想是一致的。

因此，根据L.芒福德的理解，一个城市的生死存亡主要是由它的文化性质决定的。实际上，他

巴黎圣母院

法国启蒙思想家、哲学家、教育学家和文学家卢梭（1712—1778）

（Mumford, 1937）早就已经十分明确地指出："城市是一个由初级群体聚集而成的相互联系的组合和有目的的交往关系：前一项如家庭和邻里，对每一个社区来说都是一样的；而后一项则是城市生活独一无二的特征。"

根据L.芒福德的看法，不论是文化，还是有目的的交往关系，都必须通过一定的、合理的社会组织形式来转化和处理由此而产生的巨大能量，扩大生活各个方面的范围，包括将大的村庄转化为城市等。这就是城市所要完成的历史使命。

从这样的角度理解城市，L.芒福德其实就与古代希腊人对于城市的理解以及卢梭对于城市的理解达到了一致的境界。在希腊人的世界里，生活在同一地方的民众的全体就是城市。S.科斯托夫曾引用《修昔底德》（Thucydides）第七卷中的故事说，尼西阿斯（Nicias）曾经对站在锡拉库萨（Siracusa）海滩上的雅典士兵说："无论你们选择到何处驻留，你们自己就是城市……人形成了城市，而不是那些没有人的城墙与船只"（科斯托夫，2005）。卢梭曾经也说过类似的话："房屋只构成镇，市民才构成城。"

S.科斯托夫（2005）对城市的解读则具有比较综合性的特点：（1）城市是人们积极的聚集行动发生的场所，积极聚集行动的产生一般要求有相对较高的定居人口密度，大城市通常还有比较强大的中央政府。（2）"城市总是集群出现。一座城市不会在与其他城市毫无联系的情况下孤立存在，因此城市总是处在某个城市系统或城市等级体系当中。即使最低等的小城市也有依附于它们的村庄。"（3）城市一般都具有某种物质上的，或象征意义上的形态界限（如城墙等）。（4）城市内有明确的劳动分工。（5）城市里通常有各种资源，包括经济的、地理的、政治的、人才的等，因此具有取得利益的机会。（6）城市必须保持与乡村的紧密联系，必须有一片相应的地域供养和保护城市。（7）城市是由建筑和人共同组成的场所。

以上所有这些对城市的深刻理解与定义对于我们研究城镇化以及作为其实质的城乡转型是非常有意义的。笔者特别同意S.科斯托夫的看法，即城市是由建筑和人共同组成的场所。这也正是凯文·林奇的说法，即"城市的形式、它们的实际功能以及人赋予城市的思想和价值共同造就出一种奇迹"（转自科斯托夫，2005）。

同时，我们也不能忽视人口统计学等技术因素方面的影响，因为人口统计学也是城市研究与分析的重要工具与指标之一。我们在论述城市问题时，会不断将各种不同空间范围定义下的人口作比较，以便使我们的研究对象更加清晰明了。

城市区。通过以上介绍，我们发现，定义城市问题的关键在于需要透过现象看本质，也就是说要透过作为物质的城市（建筑物、道路系统、繁忙的工商业等）的一面，看到作为人及其文化与精神的一面乃至更多的方面。那么，作为城市区，笔者觉得问题的关键在于把握使用这样一个新概念的目的以及这一概念与类似相关概念的联系与区别。

在笔者的这项研究中，"城市区"是笔者提出来的一个新词。它所表达的含义就是通常人们所说的"大都市区"的概念。那么，为什么笔者在这项研究中不沿用"大都市区"而改用"城市区"、用一个"新瓶"去装"旧酒"呢？这样做是否就是故意标新立异呢？我们需要在定义这个概念的同时对此加以说明，而且这个问题对于我国的城镇化研究而言，是一个不可忽视的问题。随着城镇化研究工作的深入，说明这一点就更显必要和紧迫。

长期以来，我们在城镇化研究中所使用的中文的"大

英国 剑桥

中国 上海

都市区"这个词，是从英文的"metropolitan area"、或
"metropolitan district"、或"metropolitan region"翻译过来
的。如果从字面翻译本身来讲，笔者认为翻译成"大都市
区"肯定是没有问题的。但是，如果我们认真研究一下英文
"metropolitan Area"的实际含义就会发现我们将这个词直译
为"大都市区"是容易引起我国城镇化研究中的误解的。为
什么呢？因为不论是在美国使用"metropolitan area"，还是在
欧洲国家使用"metropolitan district"，它们的一个共同特点就
是这个词所表示的人口数量门槛比较低，这与我们心目中的
实际的"大都市"在数量级上有很大的差别。最终原因则在
于美国和欧洲的人口相对于我国而言本身就显得很少，因此
它们定义城市的人口聚集门槛要比我们低很多。这就通常会
出现在欧美国家能称得上是大都市的城市，很可能按照我国
的城市划分标准只相当于小城市甚至建制镇的水平。

　　举例来说，在美国，"metropolitan area"（1983年以前叫做
"standard metropolitan statistical area"，简称SMSA)需要具备两个
基本条件：一是要有一个至少具有5万人口的中心城市，二是要
有一个城市化地区〔包括一个中心城市或自治市和人口密度超

过1 000人/英里^2 ①（约386人/千米^2）的周边地区。作为一个城市化地区，总人口至少要达到5万人〕。"也就是说，只有当一个城市化地区内部或周围有一个人口大于5万的中心城市或者总人口（加上周围社区）至少10万，才能被称做大城市地区"（奥沙利文，2003）。

显然，不论是一个具有5万人口的中心城市，还是总数具有10万人口（包括中心城市的5万人口在内）的地区，对于我国的城市划分标准而言，都是太小了。仅以我国目前设立县级市的标准为例，民政部1993年发布的新标准（取代了1986年的老标准）规定：当全县的人口平均密度超过每平方千米400人时，县政府驻地镇的非农业人口至少要达到12万人及其以上水平，全县的非农业人口总数要达到15万人以上；同时全县的国内生产总值要超过10亿元（人民币，下同），乡镇以上工业产值要超过15亿元，等等。当然，对于那些人口密度比较低的县，如果全县平均的人口密度小于每平方千米100人，县政府驻地以及全县非农业人口总数只达到8万人就够条件了（仅就人口条件而言）。对于地级市而言，不论人口密度多大，市政府驻地的非农业人口必须达到20万及其以上，同时市区的非农业人口必须达到25万及其以上，全市国内生产总值必须超过25亿元，等等。

很显然，我们不会将县级市和地级市称为"大都市"，因为它们在我国的城市体系中只是一个中、小城市的概念

瑞典 斯德哥尔摩

---

① 1平方英里=2.589 988 11平方千米。

（中等城市是指市区非农业人口在20万以上，但不足50万的城市；小城市是指市区非农业人口在20万以下，但至少大于8万的城市）。即使是对于我国城市体系中属于大城市范畴的城市（市区非农业人口在50万以上的城市），也很少有被称为"大都市"的。只有特大城市（市区非农业人口在100万以上的城市）被称为"大都市"才算基本上说得过去。

当然，按照美国标准，在这个"metropolitan area"范围内，也有真正算得上大都市区的，因为最大到1 800万人口的大城市地区也包括在内了。但问题在于它本身的起步门槛太低了。对于美国而言，这也许是合理的，因为当这个国家的集中居住的人口规模达到2 500人/英里^2（约965人/千米^2）时，就定义为城市了。因此，我们在理解这个概念时，一定要弄清它的真实含义，否则就会产生误导。

欧洲的情况比美国更特殊，即大多数国家定义城市的标准更低，如瑞典的标准是只要集中居住人口达到200人就被统计为城市人口(或镇人口。这样的集中居住区在瑞典被称为"tätort"）。因此，欧洲的"metropolitan district"所包含的人口规模普遍比美国更低。所以，当我们使用从这些国家翻译

荷兰纵横交错的水道

过来的诸如"大都市区"一类的专业词汇来研究我国的问题时，必须采取十分慎重的态度。这是笔者之所以在这项研究中使用了"城市区"而不是"大都市区"的第一个原因。

另外还有一个原因，那就是这项研究是一个地区城镇化的案例研究，它所涉及的不论是中心城市，还是中心城市的周边地区，其范围都相对比较小，如果我们使用"大都市区"的概念，似乎也说不过去，同样会带来误解。

正因为如此，笔者使用了"城市区"这样一个比较中性的词，它既可以包括比较小的中心城市和比较小的周边地区，也可以包括很大的中心城市和很大的周边地区。

具体说来，城市区指的是一个中心城市与和它有着密切联系的周边地区（包括周边的乡村地区）一起共同组成的城市区域。它既可以指以北京为中心加上其周边县、区所组成的巨大的"北京城市区"，也可以指以温州为中心加上其周边的县和县级市所组成的"温州城市区"，还可以指以龙港镇为中心加上其周边乡、村所组成的比较小的"龙港城镇区"，如此等等，不一而足。

所以，在城市区概念中，绝对规模并不重要，重要的是它是一个区域概念。在这个区域里，城市（或城镇）必须要有一定的周边地区作为其腹地，并且这两者必须充分地结为一体，相互联系、相互依存。也就是说，城市区与城市相比较，它已经由一个点变成了一个有机的面，这个面的实质不在于它的规模大小，而在于所有被这个面所覆盖的各种聚落形式（包括城市、镇、村等）都是密切联系的，而不是孤立的。

城市带。笔者在这里所指的城市带既与人们通常所说的"大都市连绵带"（megalopolis）、"都市连绵区"（metropolitan interlocking region）、"延伸的大都市地区"（the extended metropolitan region, the extended metropolis）、"城市群区域"（conurbation，也有人译为"大城市群"、"集合城市"或"组合城市"）或城市群（urban agglomeration）等概念有一定的联系，又有很重要的区别。笔者之所以要用城市带这个概念而不是用目前大家都在使用的概念，道理其实很简单，与城市区一样，笔者还是试图回归到不同城市组合成为城市带的本质所在。毫无疑问，其本质不是规模，而是城市与城市之

日本 东京

德国鲁尔区

间更加紧密了的联系以及变化了的空间结构方式。

我们知道，"megalopolis"的概念是由法国地理学家J.戈特曼（Jean Gottmann）于20世纪60年代初提出来的(Gottmann，1961；Gottmann et al，1990)。他首先用这个概念来描述美国从波士顿经纽约、费城、巴尔的摩到华盛顿的大都市带地区的情况，后来他又对美国从芝加哥经底特律、克利夫兰到匹兹堡的五大湖地区都市带和日本从东京、名古屋、大阪到神户的东京-广岛轴线大都市带，以及从荷兰的阿姆斯特丹到德国的鲁尔区、法国北部的欧洲西北部大都市带，还有从伦敦到伯明翰到曼彻斯特和利物浦的英格兰大都市带的情况都进行了专门的分析与研究。J.戈特曼在他的分析中也提到了我国以上海为中心的长江三角洲大都市带。他认为以上大都市带到20世纪70年代就已经形成了。正在形成之中的大都市带包括以洛杉矶为中心南至圣迭戈、北达圣弗朗西斯科的所谓"圣-圣"大都市带，巴西从圣保罗到里约热内卢的南部沿海大都市带，以及意大利北部以米兰、都灵、热那亚三角洲为中心，向南延伸到佛罗伦萨和向西延伸到法国马赛的波河平原大都市带。

根据J.戈特曼的想法，一个大都市带的形成至少需要具备三个方面的基本条件：一是区域内必须有比较多的城市，城市比较密集，而且有比较方便的交通系统将这些城市都连接起来；二是区域内的总人口不得少于2 500万人；三是这些区域都是国家的核心区域，具有国际交往枢纽的作用（参见邹军等，2005）。

如果按照J.戈特曼对大都市带的定义，世界上能称得上大都市带的区域确实屈指可数。但是，如果我们从现实来看，从这种特殊的空间组织结构的本质来看，笔者认为将研究的重点放在规模上，特别是放在一定要具备2 500万人口这样一个规模上来看问题的话，就容易曲解这种空间结构的本质性的东西。它的本质性的东西是什么呢？笔者认为只有两点：一是它是由几个中心城市及其腹地共同组成的主要呈带状结构分布的空间形式；二是这些城市之间存在比较密切的人口、交通、货物、资本以及社会、文化等各方面的往来与联系。

从这一点出发，规模就不再是最重要的因素了，不同规模的城市之间都可以形成城市带。这样，城市带就变成了一个适应性更强、应用性更广的概念。在城市带这样一个普遍概念之下，我们又可以将其细分为各级各类的城市带。而像J.戈特曼所特指的那种总人口规模一定要到达2 500万人的城市带就是一种特定意义上的"大城市带"，甚至可以称之为"特大城市带"。当然，我们也可以将城市带划分为"国际性城市带"、"国家级城市带"、"地区城市带"、一般意义上的"城市带"等。"国际城市带"和"国家级城市带"自然就是特大城市带了。由此看来，J.戈特曼的"大都市连绵带"的概念只是笔者在本研究中所使用的城市带体系中的一个层次、一种类型，即最高的那个层次和类型。比如说，我国可以有像"长江三角洲城市带"这样的国际性城市带，也可以有像"珠江三角洲城市带"和"环渤海城市带"这样的国家级城市带，还可以有像"山东半岛城市带"、"中原城市带"、"长株潭城市带"、"武汉城市带"等各种地区性城市带，甚至也可以有像"温州城市带"等更加地方性的城市带。只要是城市与城市及其腹地之间有机地联系起来了，就可以称其为城市带。

2. 发展城市区和城市带是促进城乡转型的有效手段

我们之所以花了比较多的篇幅从基本概念入手对城市、

挤火车的农民工

城市区和城市带进行了比较详细的讨论，是因为我们试图透过这些基本概念及其表面现象看到事物的本质特征。不论是城市，还是城市区和城市带，其中最重要的本质特征之一就是它们天然地就与其周边地区的乡村保持着十分密切的联系，而且这种联系是贯穿整个城市、城市区和城市带发展过程始终的。除了我们已经指出过的某些特例外（如新加坡和我国香港等的情况），城市、城市区和城市带的发展都是城乡统筹、协调发展的结果。这一点早就被城市研究的著名学者们认识到了。目前的新发展主要表现在，城市区和城市带这样的空间结构的出现和加速发展对于我们进一步加强城乡联系、促进城乡转型提供了新的历史机遇和具体的空间载体。

　　城市从来就是与其周边乡村结为一体的。我们在以上的讨论中提到过，村落在西亚和埃及的出现要比城市早3 000~5 000年，许多城市就是从村庄转型而来的。所以，我们说城市从其产生的那一天起，就天然地与乡村之间保持着紧密的联系。

　　J.麦金托什和C.特维斯特等（2006）从历史研究的角度为我们提供了大量的相关史料说明早期的城市与乡村的联系一直都是非常紧密的。譬如说，他们发现：大多数美索不达米亚和西亚的农业工人通常都是住在城镇里的，然后每天步行到附近的田间从事农业工作；在古希腊人眼里，城市和乡村并不是两个独立的区域，而是相互依赖的，城市周围的农田为城市居民提供生活必需品，而城市则也专门生产一些商品供附近的村民使用；罗马的情况更

城市的大型广场

为突出，因为罗马本身就是由农民的聚居村落转型发展而来的，因此，农业始终都是罗马经济和文化的依托。即使到了公元3世纪初，罗马已成为当时世界上最大的城市了（100多万人口），农业、城镇以及具有乡村风格的别墅始终具有重要意义；尼罗河河谷地区在村落与村落融合的基础上产生了国家和城市，国家和城市的出现又进一步促进了城市与村庄之间以及村庄与村庄之间的联系。

S.科斯托夫（2005）认为，古罗马的城市与周围经人为划分后的乡村密不可分；他同时也认为，新英格兰的城市也有各自相应的乡村和绿地。因此，当我们使用城邦、城市、自治体（commune）、城镇这些词时，应该清楚地明白，它们所指的真实含义应该都是某个城市性的定居地及其周边地区的总和，而不仅仅指的那些城市本身。

L.芒福德（2005）始终强调农村对于城市的积极意义，并特别强调城乡之间紧密联系的重要性。他认为，城镇繁荣丰富的生活终究还是植根于乡村地区农业进步的。他以意大利为例，认为比较典型的中世纪的城镇不仅都地处农村地区，而且这些城镇本身就是农村地区的一个组成部分。他还举希腊城市发展为例，认为希腊城市在其形成阶段中从未失去同附近乡村或村庄的联系，人口随着季节的变化时而进入城市，时而从城市里流出。城市里的居民也通常会在周围乡村拥有自己的土地。他因此十分感慨地说："城市和乡村构成了古希腊人的一种和谐一致，它们并不是生活中两个对立的方面。……由乡村向城镇的过渡，就在我们眼前，在希

尼罗河夕照

腊一步步地完成了。人们在城邦里形成聚居不是因为出生和习惯，而是为了追求一种更好的生活，自觉地到城邦里来的。"正因为如此，L.芒福德并 不同意许多人将城市的发展称为"城市革命"的说法。 因为，在他看来，革命的含义往往就是指将事物整个儿颠倒过来，而且还包含从陈旧落伍的社会体制中摆脱出来的渐进运动过程。而城市的兴起不但没有消灭古代文化遗产，而且将其集中起来并增加了它们的功效和规模；不但没有抑制农业发展，反而增加了人口对粮食的需求，进而促使村庄增多、耕地扩大。而且在苏美尔（今伊拉克东南部），那里的农业生产活动本身就是由居住在新式城镇内的人们来从事的，而且规模也很大。

后来，在历史发展的一段时期内，曾经确实出现过由于城市大规模集中与扩张而带来乡村衰落的情况。但很快到了从中世纪向现代制度过渡的时期及其以后的现代社会，情况就又发生了明显的好转。L.芒福德（2005）认为瑞士和荷兰在这方面做得最好，因为这两个国家真正解决了自治城镇与农村地区的联合问题。实际上，世界上许多国家在这方面都是做得不错的，重要的原因之一在于现代城市发展的空间结构方式发生了很大变化，即单一的城市扩张日益转变为城市区的整体扩张，特别是日益转化为通过城市带的方式进行扩张与发展，而这样的转变是有利于进一步促进城乡联系和城乡协调发展的。

北京昌平区

城市区和城市带更加有利于实现城乡统筹、协调发展和促进城乡转型。这主要是由城市区和城市带的特殊空间结构决定的。

城市区的空间结构特点主要表现为一个中心城市与周边一个或几个农村县（乡）作为其重要的组成部分而共同构成一个统一的一体化区域。整个统一的一体化区域之间不仅存在十分密切的经济交往关系，

——浙江项东村个案研究

更重要的是它们之间也存在直接的行政管理与政治权利方面的隶属关系，即农村县（乡）属于城市管辖。这样就很容易促使这个统一的综合体为了应对一定的竞争、提升其整体竞争能力而对区域内的各种资源进行重组，这样做的结果往往会直接促进区域内的城乡转型过程。

北京首都国际机场3号航站楼

比如说，我国所有的省会城市目前都已经成为比较完整的城市区了，这些城市区都包括了一定量的农村地区（县）。近年来，随着城市房地产业、科技园区、工业园区、休闲娱乐业以及相应的高速公路和规模更大的新机场的发展与兴建，原来的中心城市不得不不断地向外延伸与扩展，导致原来的农村地区不断地被新扩张的城市所覆盖。因此，不少城市不仅需要将原来的农地改为城市用地，而且需要整体地将原来的部分县转变为扩大了的城区。

譬如说，随着北京交通线的不断外延，20世纪80年代城内只有二环和三环路，到了90年代初期，北京有了四环路，90年代末和21世纪初又建设了五环和六环路。同时，城市地铁也从地下往外扩展。城市交通这样不断扩张的结果就不断地把过去北京的一些农村地区"环"到城区里来了，原来的顺义县、通县、昌平县、大兴县也都进入到了扩展了的北京城区，它们也因此而分别改名为顺义区（1998年）、通州区（1998年）、昌平区（1999年）和大兴区（2001年）了。

这种情况基本上在全国已经成为一个比较普遍的现象了：杭州市因为将新机场修建在了比较靠近杭州市的萧山县（后来改为县级市），所以萧山就于2001年由当时以农村为主的县级市变成了杭州市的城区——萧山区，加上余杭也被"撤市并区"，整个杭州市的城区面积因此由原来的683平方千米一跃扩大到3 068平方千米，扩大了3.5倍。南京市的情况也是这样的，2000年，南京市政府将其所辖的江宁县

北京立交桥一瞥

制撤销，建立江宁区；紧接着又将江浦县和六合县分别与浦口区和大厂区合并，市区面积因此从2000年的1 000平方千米激增到目前的4 737平方千米，净增3 737平方千米，增加了3.7倍。合肥市将原来的郊区进行调整后，市区面积也由原来的458平方千米增加到558平方千米，增加了22%。南昌市也计划将5个郊县纳入市区（顾朝林等，2003）。

这样的变迁与发展在我国并不是个别的情况，而是全国性的普遍现象。很显然，这就是比较典型的城乡转型过程适应新时期历史发展的需要在我国的具体体现。从现象上讲，这样的城市扩张所带来的城乡转型的方式与荷兰建筑师W.-J.纽特林斯（Willem-Jan Neutelings）在欧洲所观察到的许多大城市都通过建立环状机制而将边缘地区转化为城市的一部分的做法具有异曲同工之处。为此，W.-J.纽特林斯还专门创造了一个概念来说明这种现象，那就是他的"环文化"概念（转引自根特城市研究小组，2005）。笔者认为，如果将"环文化"概念用在北京身上，可能比用在欧洲的任何地方都更为合适。

实际上，这一系列现象的发生并不是孤立的。它的背后是一个波澜壮阔的城乡一体化过程正以前所未有的势头处于快速推进之中。主要的推动力来自于经济结构的历史性变化与空间结构的相应改变以及行政管理体制的调整与改革。

从城市带的空间结构来看，它所涉及到的范围更大，不仅是"环"和"圈"的问题，而是"带"的问题。城市与城市之间按照带状方式相互扩张，导致大面积的农村地区迅速被城市所覆盖而形成一个范围更广泛的城乡一体化地区。这就是为什么J.戈特曼提醒人们说，在他所研究的美国东北部大西洋沿岸的空间已经被城市连绵带填充满了。

与城市区通常只有一个处于支配地位的中心城市相比，城市带是一个具有多个城市中心的城市区域系统。多个城市中心通过高速公路甚至通过快捷的城市间轨道交通系统（如即将建成的北京—天津城际铁路等）相互连接起来，使人们在处于这个城市系统中的任何一个地方到其中的任何一个城市都非常方便。加上城市带中的城市数量比较多，城市密度通常也比较高，城市之间的经济与产业发展的联系也比较紧密，因此处于其中的农村县、乡、村经过一段时间的经济结构调整后，都建立起了各自全新的与城市带中各城市发展需求相适应的经济结构，比如说建立起了适应城市需要的食品和蔬菜生产、加工产业体系，建

六车道公路

立起了为城市大工业提供配套服务的各种小型加工或服务体系，等等。这样的产业结构实际上更多地构成整个城市带经济的有机组成部分，已经不再主要是传统意义上的农业经济了。由于城际之间的交通非常发达、便捷，处于城市带中的农民即使通勤到附近的各城市工作，也是很方便的。特别是伴随着城市居民生活水平的提高，人们对新鲜空气和良好环境的要求也相应提高了，不少相对比较富裕的城里人也开始纷纷不断地到附近的农村地区购买档次比较高的房子，如连体别墅乃至独栋别墅等。这种相互之间的转化直接加速了城市带中农村区域的城镇化转型。

更为重要的是，由城市带发展所带动的城乡转型是一种区域性的大规模的城乡转型，少则影响到几个县的地域范围，多则影响到几十个县的范围。如果我们借用E.霍华德（Ebenezer Howard）曾经将城市和城市周边地区分别比做"磁力"和"磁场"的话，毫无疑问，城市带的磁力是非常强大的，所以它的磁场也相应地比较大。正因为如此，法国评论家S.马罗特（Sebastien Marot）甚至认为城市和乡村的对立完全消失了。乡村就地转化为向城市的过渡地区，其地面留下了不计其数的现代道路系统和基础设施，包括公路、高速公路、铁路和高压线等，最终转变为城市（转引自根特城市研究小组，2005）。由此看来，我国只要建立起几个或者十几个比较成熟的大城市带，整个国家的城乡转型任务就能以比较快的速度而且能够比较好地完成，我国的城镇化水平就能在目前的基础上跃上一个新的台阶。

英国建设的新城

3. 从城市化到城市带化：城镇化发展的新趋势

我们在上面的讨论中曾经提到过，尽管城市发展的历史要比工业革命早许多年：城市发展至今至少有5 000年历史了，而即使是从工业革命最早开始的英国算起，工业革命至今才只有不到300年的历史，但是，工业革命给城市发展与城镇化的影响是最大的。正如A.奥沙利文（2003）所说的那样，"虽然在公元前3 000年到1 800年期间，城市发展迅速，但整个世界主要还是一个乡村社会……近两个世纪迅速发展的城市化是由始于19世纪的工业革命引起的，它促成了制造业和交通业的革新，使生产从家庭小作坊转移到工业城市的大工厂中"，由此带来了飞速发展的城镇化。譬如说，1500年欧洲的城市化水平只有5.3%，1800年也只有9.4%（Vries, 1981），但到20世纪初，欧洲总体上城市人口已经占到了其总人口的一半以上。1790年第一次人口普查时，美国的城市人口比重不到5%，但到1920年，美国居住在城市的人口第一次超过了农村人口，标志着美国城市化由此进入了一个新的历史发展新阶段。这个城市化发展的新阶段就是城市区化阶段，特别是城市带化阶段。

所谓城市区化阶段，是指当人口高度集中到城市达到一定规模和程度后，开始逐渐表现出向城市周边地区分散的趋势，城市范围随之迅速向外延伸到了郊区，不少国家都在远离市中心、但却靠近铁路线的地区建立了各种各样的"过渡村"（transit villages）(Bernick , 2001)，以满足城市居民向市区外迁移的要求。制造业和商业、服务业也紧随人口的外移而外移。这就是人们通常所说的城镇化发展的郊区化阶段。这个过程在美国大致始于20世纪的20年代，50年代达到高潮。

针对欧洲的现实情况，H.海林（Hilde Heynen）、A.洛克斯（Andre Loeckx）和M.斯梅茨（Marcel Smets）（1989）将围绕一个绝对的核心城市（如巴黎、罗马、雅典、马德里等）

呈放射状向外延伸的城市系统称为蜘蛛网式大都市。实际上就是我们所说的城市区。但城市区的规模差异是很大的。比如说，巴黎都市区已经逐步扩展到离市中心100多千米以外的地区了。

城市区化现象的出现直接与两方面的原因相关：一方面，从19世纪末开始（1880年后），城市交通技术有了突破性发展，有轨电车开始被用于城市交通，加大了人们通勤的范围。特别是19世纪90年代出现了世界上的第一辆汽车，并随着H.福特（Henry Ford）T型汽车大规模生产线的出现，汽车产量大幅提高，成本相应地降低，导致20世纪美国城市人口比重刚刚超过50%就立即于20世纪20年代进入了具有很强分散特征的郊区化阶段。由此也立即带来了制造业和零售商业向郊区的迁移，因为郊区的土地价格要比市中心低出许多，而且税收也低。同时，电话通讯技术的改进与发展进一步强化了这一趋势。

古老的有轨电车

另一方面，伴随着工业革命发展所带来的人口向城市的集中，在许多工业化国家实际上表现出明显的过度集中的特点，从而导致城市居民居住过度拥挤，城市环境比较差，因此，当交通技术使人口分散到居住宽敞、环境良好的郊区成为可能，而且还有就业机会时，不少人自然是愿意从市中心区搬到郊区居住的。

但是，当我们使用"郊区化"这个术语时，一定要明白：郊区化过程只是城镇化过程在人类历史发展到一定阶段的一种阶段性表现，是属于城镇化过程的一个阶段。它绝不是一个与城镇化相背离的另外一个什么过程，有人称之为"反城镇化"过程或"逆城镇化"过程。城镇化发展到这个阶段所表现出的特征也不是城市人口的绝对减少，而是中心城区人口增长速度的相对放慢，但整个城市地区的人口仍然是快速增加的。特别重要的是：人口分散也只是分散到离中心城市不太远的周边地区，而且必然是与城市中心有很好的交通联系的边缘地区，绝不可能是迁移到十分遥远、交通不便的真正属于传统意义上的纯农村地区。因此，笔者在这项

电话机

英国伦敦的郊区

研究中，并不主张用郊区化这样的说法，而是用了"城市区化"这样的概念来表示这一时期城市人口在本城市区所辖范围内适度分散的现象。

从20世纪20年代开始的城市区化发展到20世纪50年代时，一种更重要的城市化现象开始在全世界范围内出现并迅速得以发展，这就是人们通常所说的"大都市连绵带"的出现与发展，整个世界的城镇化过程进入了一个全新的发展阶段，这就是笔者在本项研究中所使用的"城市带化"阶段。

所谓城市带化，就是指城市带发展在国家城镇化整体发展过程中的某一阶段成为主要形式并由此带动整个国家城镇化发展格局的现象。我们在以上的讨论中已经对城市带进行了定义。在此我们必须反复强调的一点在于：笔者在本研究中提出的城市带概念不注重规模，而主要注重的是城市带这种空间结构形式所体现出的本质性特征，即相互比邻的城市与城市之间通过便捷的交通方式实现无缝隙连接，同时产业发展与社会、文化发展紧密联系的特征。

上面已经强调过，我们这里所指的城市带是可以分级的，应该根据具体的城市带情况实行分级研究。从这一点来讲，我们所提出的一般意义上的城市带概念是不可以直接与美国和欧洲等的大都市连绵带直接画等号的。如果一定要比较的话，我们可以拿我国的国际性城市带或国家级城市带与之进行比较，因为在欧美等的城市体系中，提到大都市连绵带，就是指邻近的最大的城市之间所组成的一体化地区。比如说在美国，它指的就是相邻的大城市地区（包括大城市联合统计区CMSA和大城市统计区MSA）之间所组成的空间一体化地区，如美国东北部大西洋沿岸以纽约为中心，北起波士顿、南至华盛顿特区共跨越了10个州绵延几千英里①的大都市连绵带和美国中西部大湖地区以芝加哥为中心，东起匹兹堡、布法罗、克利夫兰、底特律，西到圣路易斯，中有密尔沃基、哥伦布，南绕五大湖呈半月形的巨大城市带，以及以旧金山和洛杉矶两大都市区为主体的大都市连绵带。据统计，仅这三大都市连绵带的人口就占到了美国总人口的一半（王旭，2003）。即使是像纽约-新泽西-康涅狄格和洛杉矶-阿纳海姆-里佛赛德这样的大城市联合统计区CMSA，其区内人口总数也分别达到了1 900万和1 450万（联合国人居中心，1999）。而我们在这里所指的是一般意义上的城市带概念，

美国 纽约

美国新泽西州的铁路运输

各个级别层次和规模上的城市带都包括在内。而且，我们研究的重点在于规模比较小的城市带。

　　但是，从趋势上讲，我们是可以借用欧美大都市连绵带（区）来说明问题的。从美国的情况来看，除了我们以上提到的几乎可以称得上是超级城市带的三个大都市连绵带和两个大城市联合统计区之外，实际上美国的大都市地区（特别是其中的大城市联合统计区CMSA）基本上都是由区域内几个城市共同组成的一体化地区。按照我们的定义，就应该属于城市带的范畴了。

　　这样看来，从20世纪20年代开始，美国实际上就已经进入了这样的大都市区快速发展的阶段。到1940年，美国大都市区人口占全国总人口的比重已经达到了50.9%，1990年达到77.4%（利维，2003）。1940年后，其大都市区中总人口在

① 1英里=1.609 344千米。

比利时 布鲁塞尔

比利时 根特

比利时 安特卫普

100万以上的大型大都市区更是表现出了优先增长的特点。1990年其人口在100万以上的大型大都市区人口已经占到了全国总人口的53.4%（1940年这类人口比重为25.5%）（王旭，2003）。根据A.奥沙利文（2003）提供的资料，20世纪60年代，大城市地区增长速度是非大城市地区的4倍以上，但70年代的增长速度比非大城市地区慢25%，80年代的增长速度又是非大城市地区的3倍多。联合国人居中心（1999）认为，从美国城市和区域发展的周期性来看，50年代到60年代是大都市集中发展的时期。尽管70年代到80年代初期大都市的发展相对较慢，但时间很短。西欧在70年代也出现了同样的现象。

谈到欧洲的城市延伸，过去人们通常提到的也是郊区、边缘城市（edge city）和城市之间的走廊等形式，但现在人们谈到欧洲时，少不了要提到A.科伯兹（Andre Corboz）的"城市化的地区链"和"覆盖很多地区的巨大城市带，整个欧洲很快就会变成一个城市星云"等新概念（参见根特城市研究小组，2005）。这就是新的城市带概念。

法国地理学家R.布鲁尼特（Roger Brunet）用"蓝香蕉地区"来表示从英国的曼彻斯特经伦敦到贝尼鲁克斯（Benelux）、德国的鲁尔区、莱茵河和美因河，再经过瑞士，直到意大利米兰-都灵组团区的城市带地区（参见根特城市研究小组，

2005）。

H.海林（Hilde Heynen）、
A.洛克斯（Andre Loeckx）和
M.斯梅茨（Marcel Smets）则将
分布在不同城镇网络结构上的
一些城市如英国的伦敦、曼彻斯
特、利兹，荷兰的兰斯塔德地区
（Randstad），比利时的布鲁塞
尔-根特-安特卫普三角区，德
国的鲁尔-莱茵地区以及莱茵河
上游地区的城市称为"网络大都
市"。实际上其中任何一个城市

欧洲的莱茵河

区域，都是世界著名的大城市带。比如说荷兰的兰斯塔德大
城市带就是世界上非常著名的大城市带（由鹿特丹、海牙、
阿姆斯特丹和乌德勒支以及贯穿其间的发达交通系统组成）
之一。德国的鲁尔地区（包括埃森、波鸿、杜伊斯堡、多特
蒙德、杜塞尔多夫等在内的许多城市）和意大利的米兰地区
（威尼斯-帕多瓦-特拉维索轴线及其附近地区的海岸线在内
的大都市地区)等都是世界级的大城市带（根特城市研究小
组，2005）。

日本的城市带也是世界闻名的。自1945年以来，日本的
人口就不断地向东京区、阪神区（京都、大阪和神户）和名
古屋区三个大城市带集中。根据联合国人居中心（1999）的
统计，到1990年，这三个大城市带已经拥有日本全国人口的
一半，而1950年只有38%。

20世纪50年代以来，城市带在拉丁美洲和加勒比海地
区也得到了很快发展。比如说墨西哥的墨西哥城-托卢卡-库
埃纳瓦卡-普埃布拉-克雷塔罗就已经形成了一个巨大的城市
带，巴西的圣保罗-贝洛奥里藏特-里约热内卢-库里蒂巴城
市带也已经很成熟了，还有阿根廷的拉普拉塔-布宜诺斯艾利
斯-坎帕纳等城市带（联合国人居中心，1999）。

我们知道，L.芒福德（2005）一直对"metropolis"或
"conurbation"一类的大都市连绵带或集合城市的发展是持不
同意见的。他反对的理由主要有两点：一是集合城市（包括

农村还是城市?

城市带——笔者注）不是一个实体，没有一个真正的中心，没有一个政治组织能统一它的共同活动……如果人类不对其蔓延作出限制的话，就会模糊了人类处境的真实情况，人类的目的和意志就会逐步减弱；二是这些新的城市形态（即大都市连绵带、集合城市等——笔者注）大部分不能产生艺术、科学和文化。

我们认为：不论是城市区，还是城市带，都是适应新的历史条件的变化而形成的新的空间结构形式，其要点在于城市通过一定的方式更加紧密、更加无缝隙地与乡村地区联结起来，从而建立起新的城乡一体化的连续统一体。同时，我们也应该注意到，城市区和城市带本身也在逐渐创造和形成其自身的文化形式，只是我们还需要时间对此加深认识和理解。更重要的是：不论是城市区，还是城市带发展，已经成为一种世界性的普遍的城镇化新潮流和趋势，大势所趋，势不可当。我国的情况也是如此。这不仅表现在我国国家级的大城市区和大城市带的发展方面，也表现在区域层面的城市区与城市带发展方面。

五 解决问题的现实选择

　　通过以上理论讨论，我们明确了五个基本要点：第一个基本要点是指城镇化的实质在于城乡转型，包括了人口、产业、空间结构等方面的全面转型，而不仅指人口的城乡结构变化；第二个基本点是城市带和城市区既可能是国际性的、国家级的，也可能是区域性的、地区级的（当然，形成城市带的各城市的规模一般也应该大致相当，不应相去太远）；第三个基本点是指当代国际城镇化发展表现出了明显的城市区化和城市带化的趋势；第四个基本点是指不论通过推进城市区发展还是通过推进城市带发展而促进城镇化进程，问题的关键都在于加强城市与城市间的有机联系（主要针对城市带而言），以及城市与其周边农村地区（腹地）之间的有机联系（既包括城市带，也包括城市区），形成有机的一体化的空间结构；第五个基本要点是说推进城镇化既可以采取自下而上的村镇聚合的方式（战略），也可以采取自上而下的发展城市区和城市带的方式（战略）。

　　在明确了理论上的一些基本要点之后，让我们再回到现实中来，联系我们在本书前面所提出的与项东村发展相关的现实问题，试图从研究的角度找出一些解决问题的基本思路。

城乡一体随处可见

积极研究与规划
温州城市带发展问题

温州风光

按照我们以上理论分析中关于城市带分层推进的基本观点，这里所指的温州城市带主要是从浙江省和温州市的实际情况出发而从两个层次上来定义的。从全省发展的角度来讲，我们提温州城市带，是指建立由丽水市、温州市和台州市3个城市及其郊区组成的城市带。这个城市带的一个比较重要的问题在于：由于受括苍山等山脉走势的影响，丽水市与台州市的联系比较弱。这样也决定了温州市在这个城市带中将起到带动性的中坚作用。

从温州市本身发展的角度来看，笔者认为也可以积极探索建立温州市-瑞安市-鳌江镇+龙港镇城市带。因为温州市位于瓯江口，瑞安市位于飞云江口，鳌江镇和龙港镇位于鳌江口，所以我们也可以将这样一个地区性的城市带称为"瓯江-飞云江-鳌江城市带"，以现有的两大城市，加上两大名镇带动三大流域的城乡经济实现一体化协调发展。

长期以来，制约以上我们提到的两个层次的城市带形成与发展的因素主要有三个：一是从历史上讲，陆地交通在温州地区一直就不发达；二是作为整个浙江省南部的经济中心，温州作为中心城市的实力在各方面都仍然有些偏弱，需要进一步增强其引领整个区域经济、社会、文化发展的能力；三是目前的行政管理体制方面还存在一些问题，需要逐步加以解决。

交通。经过改革开放以来近30年的努力，温州地区的陆地交通有了突飞猛进的发展，温州正逐步变成浙江省南部的交通枢纽中心。"十五"期间，连接全国沿海14个开放城市的同三高速公路（从黑龙江省同江县到海南省三亚市的东部沿海交通大动脉）和金丽温高速公路（从浙江省的金华市经丽水市到温州市的高速公路）已经建成通车。甬台温高速公路（从宁波经台州到温州的高速公路）和诸永高速公路（从诸暨到永嘉的高速公路）目前正在紧张的施工建设过程之中，都将于2008年建成通车。除了高速公路建设以外，甬（宁波）台（州）温（州）铁路和温（州）福（州）铁路也正在建设之中，同样将于2008年通车。此外，温（州）福（州）高速公路

温州市街景

（即同三高速公路温福段）复线工程（温州人称之为"东海大道"）也将于"十一五"期间正式立项。因此，我们可望在不久的将来看到，制约温州陆路交通发展的因素将全面解除，温州市即将成为我国东南沿海地区的一个重要的交通枢纽城市。

中心城市的辐射力与影响力。从目前的情况来看，温州作为一个区域性的中心城市，对周边城市和农村的影响力和带动力尚显薄弱。今后应从两个方面努力提升其国际竞争力与区域影响力：一方面是要进一步调整该市的产业结构，继续努力拓展制造业产品出口的规模与范围，特别是要更加充分地发挥该市在机电产品、鞋帽、服装加工生产及其出口方面的传统优势，同时大力发展现代服务业，优化经济结构，增强经济实力；另一方面，要从空间结构上努力构建一个强大的温州城市区。目前温州市正在规划之中的南连瑞安、北接乐清、东跨洞头的空间规划实际上是一个以温州市区为中心的温州城市区规划。如果这一规划能够得以贯彻落实的话，一个从瓯江口到东海边初步形成了一体化的温州城市区有望在不久的将来成型。目前连接洞头的海岛大桥已经建成通车，深水港码头开发在即，加上东海油气田加工服务基地建设项目的努力推进，以及台商对投资温州地区的兴趣日浓，因此我们有充分的理由相信，温州市作为浙江南部和福建东北部地区的中心地位和区域影响力将随之迅速增强。

行政区划与行政管理体制。要想从温州地区范围内抓好温州城市带的规划与建设工作，还必须相应地对目前该地区的行政区划与行政管理体制中存在的一些问题作出调整。我们将在接下来的讨论中涉及其中一些方方面面比较具体的设想与详细的建议。

建立以鳌江－龙港为中心的城市区

如果要使温州城市带在空间上形成一个良好结构，促进整个温州地区城乡协调发展，首先必须在目前平阳县和苍南县所在地区形成一个城市区，这样才能够比较好地实现与瑞安市和温州市的对接与互动，构建一个有效承接温州城市区产业转移的新的平台，同时带动平阳县和苍南县实现跨县域的一体化发展，促进整个鳌江流域地区和温州南部经济的腾飞。当然，要形成一个城市区，就必须有一个实力比较强的城市中心，也就是说要有一座比较有实力的城市作为这个城市区的中心来带动周边的镇和村庄的发展。其次，要以该区的核心城市为中心，完善城镇体系，形成符合当地经济与社会发展要求的、由这个中心城市带动几个周边的建制镇的格局，以便通过这样的格局更好地构建城乡一体化体系。最后，适应以上变化，一系列行政区划与管理体制、经济结构以及空间结构等都需要作相应的改革和调整。

首先，要有一个有实力的中心城市。根据我们在理论部分所作的分析，要想形成一个有效的城市区，一般在这个区域范围内必须有一座中心城市。只有有了一个中心城市的支撑，周边的小城镇和乡村才有可能被带动起来，从而形成一个城乡结合的城市区。从目前的情况来看，平阳县和苍南县

龙港镇与鳌江镇仅隔河江相望

境内都还没有出现这样的中心城市。不过，与其他地区相比，平阳县和苍南县的情况又有一些特别之处，那就是这两个县各有一个实力比较强而且在全国的名气也比较大的特色镇，即苍南县的龙港镇和平阳县的鳌江镇。更为特别的是，这两个镇仅仅只有一江（鳌江）之隔，大约相距3千米。这就为这两个镇通过我们在理论部分已经提到的所谓"村镇聚合"方式（在这里是指通过镇与镇之间的聚合，而不是村与村之间的聚合）组成新的城市提供了很大的可能性。

龙港镇街景

很显然，我们的城镇化研究思路是完全赞成将鳌江镇和龙港镇合并为一个经济运行和行政管理实体的做法的。不仅这两个镇应该合并，而且应该将这两个镇合并后转型为城市建制，并逐步发展成为这两个县的经济、政治、文化中心。实际上，两镇合并并建市并不是笔

龙港镇居民新区

者的发明，而是当地许多人的梦想。这两个镇的合并应该是一种平等的合并，即是一种A+B=C式的合并，而不是一方吃掉另一方的合并。不过，在转型的初期阶段，可以将这个新的城市主要作为经济中心来设计和定位，而不至于影响该地区的政治格局。两个镇合并后，我们认为应该保留其中一个镇的名字作为新的城市名，而不宜完全抛开这两个镇的名字去另外取一个全新的城市名。因为"鳌江"和"龙港"两个名字都很不错，所以笔者认为取哪一个名字都是可以的。最终的决定可能需要我们综合考虑当地的历史、文化、社会、政治、经济等各方面的因素之后才能做出。

其次，在本地建立起以"一带六"结构为主体的城镇体系。一旦在现在的鳌江镇和龙港镇所在地建立起一座合并后的新城市后，我们就可以初步建立起这座新城与其北面的昆阳镇（目前为平阳县政府所在地）和水头镇、西面的钱仓镇

和萧江镇，以及南面的钱库镇和灵溪镇（目前为苍南县政府所在地）之间的密切联系。我们可以简称这种紧密联系的空间结构为"一带六"（即一个城市带六个镇）的城镇体系。当然，这只是本地区的一种主体结构，并不排除它可以形成覆盖面更广的"一带七"（如果金乡镇也包括在内的话）甚至"一带十"的城镇体系。

最后，这个城市区是否能够顺利形成，将直接涉及到相应的行政区划与行政管理体制的深化改革和密切配合。 不论是我们以上所提到的以鳌江镇和龙港镇为中心建立本地的中心城市，还是以新的城市为中心建立"一带六"的城镇体系，都是以现有行政区划与行政管理体制的配套改革为前提条件的。没有行政区划与行政管理体制的相应改革与配合，这样的思路是很难实现的，至少在短期内是不可能实现的。

那么，如何改革现行的行政区划与行政管理体制呢？实际上做法很简单，那就是恢复到1981年6月18日以前的行政区划与行政管理体制，将现在的平阳县和苍南县再次合并到一起，共同成为新设的"龙港市"（或"鳌江市"）的有机组成部分。

对于这项具体的行政区划与行政管理体制改革而言，这其实是一项最简单和风险最小的改革，原因在于这两个县在1981年6月18日分开以前本来就是一个县，即平阳县。根据1981年3月6日中共平阳县委、平阳县革命委员会给中共浙江省委、浙江省革命委员会所写的《关于要求分县问题的报告》，提出分县的主要理由是："平阳县地大人多，行政领导力所不及；经济落后，地区之间很不平衡，经济结构复杂，山海之利不能得到发挥；民族、语言结构不一，山区、老区建设不快，群众生活仍有困难"（萧耘春，1997）。很显然，这些都不是必须分县的充分理由。相反，如果在这个地区培育出一个新的城市，并通过建设交通、通讯等基础设施，加强本地区与相邻地区城市以及加强本地区城乡之间的联系，对于改变该地区经济落后和群众生活困难的局面以及促进民族之间的团结与融合都是具有十分重要的积极意义的。退一步讲，即使

龙港镇一服装专业市场

当时要求分县有充分的理由，现在的情况也已经发生了很大的变化，确实走到了需要重新合并的新的历史关口了。

实践经验表明，行政区划与行政管理体制的任何变革，都直接涉及到新的行政中心的选址问题。为了合理地解决这个问题，可以有两种选择：一种选择是将两县合并后的行政权力中心在合并初期（假设5～10年内）实行比较均衡的布局，比如说将党委和政协放在一个地域中心，而将政府和人大放在另一个地域中心。经过一段时期的发展后，这个问题基本上是可以自然地得到解决的。还有一种选择就是在保持目前平阳县和苍南县分设体制不变的情况下，只是将目前隶属于苍南县的龙港镇和隶属于平阳县的鳌江镇及其适度的周边乡村地区（也适当地包括一定数量的镇）单独划分出来建立一个小城市，当这个城市发展一段时期后再来选择更加合适的方式从整体上进一步地对两个县实行全面的整合。这样做之所以比较可行，是因为目前平阳县和苍南县的县政府所在地都不在龙港和鳌江，在龙港和鳌江作一些行政体制方面的改革与调整不太会影响两个县目前的基本格局。

龙港：天上人间？

实际上，目前鳌江镇与龙港镇密切合作的趋势已经比较明朗了，而且紧密合作的条件也已基本成熟了。两个镇之间现在已经有两座桥，双方各方面的联系也已经十分密切了。两个镇合并在一起而建城已经是大势所趋，这不仅对于促进浙江东南部以温州市为中心的"温州-瑞安-鳌江+龙港城市带"和"丽水-温州-台州城市带"的发展具有积极促进作用，同时也将更好地强化城市对于本地区乡、镇以及村庄的影响力，从而推进城乡统筹与协调发展。不少周边地区的乡、镇以及村庄的发展将直接从中得益，钱库镇及其所辖的项东村应该说是其中受益最大的镇和村之一。

在新的城市区框架下把钱库建设成为区域性的印刷中心之一

钱库镇居民的文化生活

钱库镇位于苍南县的江南平原的中心地带，处于龙金公路（从龙港镇到金乡镇的公路）的中间地段，与龙港镇和金乡镇各相距15千米。全镇总面积22平方千米，下辖40个行政村和4个居民委员会，共有近1.8万户，总人口6.7万人。其中钱库镇区面积5平方千米，镇区总人口4万人。由于该镇位于东海之滨、鳌江以南的水网平原的中心位置，因此多条大河从镇区中央川流而过，形成了镇区内水网纵横交错、景色秀丽的水乡小镇风格，所以也被当地人们称为"温州的威尼斯"。

钱库是公元948—950年间设立的一个专门为当时的吴越王征收茶、烟、棉、绢等税的地方，至今已有1 000多年的历史。在1978年改革开放以前，钱库作为一个镇基本上是以履行其行政管理职能为主，经济发展既不快，也没有多少特色。从20世纪80年代初期开始，镇区商业经济得到了迅速发展，小镇上的居民和附近的农民在镇上开设了1 200多家小商店，从事各种小商品经营，从业人员4 000多人，使钱库镇一跃成为当时浙江南部和福建北部包括了6个县的比较重要的商品（主要是日用百货和水产品）集散中心之一，也是当时非常著名的温州十大商品专业市场之一。

从20世纪80年代中期开始，该镇政府与当地企业家共同努力，大力调整产业结构，将经济发展的重心由小商品经营转到了印刷包装工业上，在经过了整整10年的艰苦创业后，

钱库镇曾是著名的
"中国印刷包装城"

钱库镇的印刷包装企业到1993年已经发展到315家，从业人员25 000人左右，1994年印刷工业总产值3亿元，占当时全镇工业总产值的70%多，基本上确定了其专业从事印刷生产的专业镇特征，并成为当时非常著名的"中国印刷包装城"。当时不少知名品牌如中华鳖精、娃哈哈、霞飞、飘柔等的产品包装盒都是在钱库镇印刷包装的。《人民日报》、《光明日报》等中央级大报当时都对此进行过专门报道。

在经历了从90年代中期到现在的又一个10年之后，尽管钱库镇的经济实力进一步得以增强，2005年全镇乡镇企业总产值达到17.5亿元，其中，印刷业仍然位列前茅，但其所占比重已经远远不如以前了，专业化程度大幅下降。同时，塑料制品、纺织、机械和造纸发展很快，也都成为了钱库镇的支柱产业。

从整个苍南县的情况来看，其印刷业在全国的竞争力是进一步加强了，它已成为我国目前重要的印刷基地之一，仅这一项的年产值就达100多亿元。更多、更有名的品牌其产品包装印刷目前也都是在苍南县进行的，如茅台酒、沱牌曲酒、董酒、古井贡酒、张裕干红、洁莱雅、雨浓等。但问题在于：随着龙港镇（1982年依靠农民力量开始正式建镇，1983年经省政府批准设镇）从20世纪90年代开始逐步崛起，不少过去在钱库的企业纷纷搬离钱库而到了龙港，人才、技术、设备等也随之发生了外流。所以，从90年代后期开始到现在，苍南县的印刷中心并不在钱库镇了，而是在龙港镇。因此，龙港镇的出现与发展，在某些方面确实给周边的工业发展带来了一些不利的影响。我们在本书开始所讲的项东村的故事也是一个明显的例子。

因此，在龙港与鳌江合并成为当地的中心城市、进而本地的城市区形成后，龙港就需要在产业发展方面与周边的镇甚至与周边的一些村庄进行整合，通过一系列政策调整而继续将某些工业产业配置到周边有条件的镇或村，自己则集中资源发展科技含量相对比较高一些的制造业、商业和现代服务业。譬如说，地方政府应该从多方面鼓励钱库镇继续专注于印刷和包装业的发展，巩固和发扬该镇20世纪80年代和90年代所开创的印刷与包装业优势，进一步做成更强的印刷专业镇，使之成为浙南和闽北地区名副其实的印刷中心之一。这样做，不仅对位于城市区周边的镇和村的发展有好处，而且对促进龙港的长期健康可持续发展也具有十分重要的意义。

笔者于2006年10月1日在龙港镇的"浙江港发软包装有限公司"进行调查时，该企业董事长项芳印告诉笔者：他的企业在龙港的占地总面积为2.1万平方米，现需要扩大规模，但土地成本太高，而且在他企业附近根本上就没有空地。因此，他计划从2007年起，到沈阳新区去拓展自己的业务。当笔者建议他到自己的家乡项东村建设新厂时，他说非常愿意这样做，但镇里的规划一定要明确。此后，当笔者召集从项东村走出去的企业家开会讨论这个问题时，所有在其他城市创业的企业家都认为，如果钱库镇能在交通方便的地方建立一个专门的印刷工业园的话，他们都愿意回家乡投资建厂，扩大经营规模。

笔者从项东村的企业家想到整个钱库

钱库镇已与周边村庄连成一体

镇在外的企业家，他们一定也都有类似的想法。这些企业家大部分都是20世纪90年代中期当龙港形成规模后从钱库镇或从钱库镇周边乡村搬迁到龙港的，10多年后的今天基本上都需要扩大规模了。如果这个时候钱库镇能利用这个机会因势利导地出台一些好的政策，包括集中统一建设专门的工业园区，进一步改善城镇基础设施条件与状况，就一定能跃上一个新的发展台阶。

经济学原理告诉我们：规模经济的作用将促使一个城市（镇）在一个工业园甚至在一个工厂附近快速扩张起来。前者如英国在20世纪80年代的做法，通过政府设立的许多工业园（园内企业在10年内可以享受多种优惠条件，包括工商财产税的免除、开发土地税的免除等），极大地刺激了当时英国经济与城市的发展（联合国人居中心，1999）。后者如美国，其初期的城市发展在相当大程度上是由机械制衣与机械制鞋的出现与规模的迅速扩大而驱动的。机械制衣的发展需要纽扣的专业化生产，而纽扣的专业化生产的集中又进一步带来了更多的服装生产商向特定区位的集中。从这样一种相互影响的关系中，我们是否可以设想一批好的软包装生产企业也会带来一批相关生产企业向钱库镇的集中呢？应该是可能的。

有了专业化生产的集中，加上相应的劳动力市场的共享以及相关知识与信息的溢出效应，特别是钱库镇的交通条件现在与10多年前相比，也有了很大的改善，交通运输的规模经济也会逐渐体现出来。因此，笔者认为，钱库镇应该在城镇化推进的新格局下，特别是在未来新建城市区的总体框架下，加大进一步建设区域性印刷城的力度，其中的重要措施之一就是对目前钱库镇的工业发展重新进行统一规划，强化

"港发"已将部分业务从龙港转到了项东

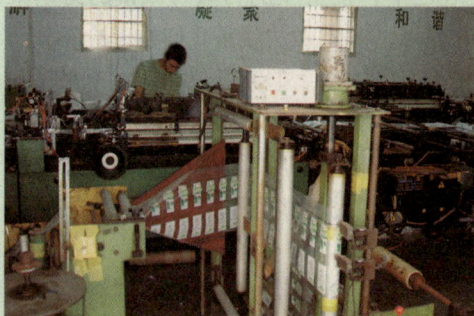

村里的塑印包装厂印制扑克牌

位于项东村的兴达油墨厂

竞争力，把印刷包装业作为该镇的核心竞争力突出出来，整合各种资源，集中财力开发一个新的以印刷和包装生产为主的工业区，在做好与龙港和鳌江的协调工作的基础上，力争将苍南县的部分骨干印刷和包装企业吸引到钱库来，逐步地把钱库打造成全球化时代重要的区域性印刷中心之一。要做到这一点，周边村庄的经济结构与空间结构方式也应作相应的调整。

（四）
项东村的故事：初步的结果

为了建立新的工业区，项东村等与钱库镇紧密相连的村庄的发展模式就需要重新定位，因为钱库镇向外扩张的结果必然意味着村民土地的进一步减少。在目前村民的土地已经少得可怜的情况下（项东村现在人均拥有耕地不到2市分①），我们就必须从整体上考虑如何实施我们在理论部分所讨论的城乡转型的问题了。因此，对于项东村及其周围的项西村、小河川底村等而言，这个大规模的、彻底的转型过程将在不远的将来到来。那么，如何从早计议，为迎接这一历史性的转型做好宏观设计和构想，就成为我们本项研究需要解决的最后一个问题了。

我们以上所讨论的大多是从宏观上解决问题的办法，也就是我们所说的从上至下推进城镇化的基本思路。从微观上讲，从村庄角度讲，我们所做的理论分析以及我们所做的实地调查结果告诉我们，解决项东村目前问题的根本办法就是融入钱库镇的发展之中，使村庄的力量与城镇的力量聚合，实行城乡一体化发展。基本做法就是我们在理论部分已经提到了的"村镇聚合"的方法。但究竟该如何在项东村和钱库镇这个地方来实施这一具体方案，是需要我们做进一步的调查研究工作的。基于我们目前所掌握的相关理论以及从实地调查中取得的资料，我们提出以下基本思路，供进一步的相关研究参考。

首先，钱库镇新工业区建成后，镇政府应该在各方面

① 1市分＝0.006 667公顷＝66.666 7平方米。

采取比较优惠的政策措施，鼓励附近村庄的企业和企业家向新工业区集中，减少村民为了创办企业而对农地或农民宅基地的分散和低效率占用。而相当部分目前在外地办企业的钱库籍（包括项东籍）企业家也可能因此将他们的企业迁回自己的家乡。所以，钱库镇新工业区的发展前景总体上讲应该是让我们感到乐观的。

其次，在建设新工业区的同时，钱库镇也应该适应城镇化的新发展，积极发展商业和现代服务业以及从当地的实际情况出发发展房地产业，为附近村民在城区提供更多的就业机会和良好的居住条件，尽量减少附近村庄里农民的数量。

再次，在乡村企业已经向城镇集中和越来越多的农村人口不断地迁往镇区的情况下，可以考虑分阶段、分步骤地实施合并村庄的工作。这样做一方面可以节省出不少农地，另一方面也有利于最终为在像温州这样经济和社会发展都比较快也比较好的地方实行整体的城乡转型创造条件。笔者认为，像项桥办事处所辖的10个行政村（包括项东村，2006年共计3 046户，1.1万人）目前的居住形式就过于分散。当然，由于这10个村离钱库镇都非常近（平均距离只有4千米左右），可以考虑通过合理的方式一次性地与钱库镇合并起来，而不需要经历村庄之间的合并了。我们需要在这里特别强调，合并村庄只是一种思路而已，究竟如何实行城乡转型，每个地方（包括每个村）都必须从其实际情况出发，做深入细致的调查研究工作，充分了解村民和城镇居民的意见，任何政府都不可以滥用其行政权力而强制行事。

最后，当农民越来越多地进入城镇非农产业领域后，钱库镇周边的农地（全镇目前共有耕地19 587亩）可以通过组建商业性运作的农业公司来实行有偿转让经营。因为项东村所在的平原地区的农地基本上都是旱涝保收的良田，所以应该特别珍惜并予以特别保护。

正在推进中的项东村城镇化

项东村和周边村庄将更加紧密地与钱库镇连为一体

参考文献

★ 奥沙利文 A.2003.城市经济学[M].苏晓燕，常荆莎，朱雅丽，主译.北京：中信出版社.6，79，80-81，85-87，90.

★ 根特城市研究小组.2005.城市状态：当代大都市的空间、社区和本质[M].敬东，谢倩，译.北京：中国水利水电出版社.30-34，38.

★ 顾朝林，沈建法，姚鑫，等.2003.城市管治：概念·理论·方法·实证[M].南京：东南大学出版社.125.

★ 国家统计局，主编. 2006a.中国农业统计资料汇编1949-2004[M].北京：中国统计出版社.14.

★ 国家统计局，主编.2006b.中国统计年鉴2006[M].北京：中国统计出版社.461

★ 胡必亮，郑红亮.1996.中国的乡镇企业与乡村发展[M].太原：山西经济出版社.46，61，64.

★ 科斯托夫 S.2005.城市的形成：历史进程中的城市模式和城市意义[M].单皓，译.北京：中国建筑工业出版社.29，34，37-40，61-62.

★ 利维 J M.2003.现代城市规划[M].张景秋，译.杨吾扬，校.北京：中国人民大学出版社.9-12，18.

★ 联合国人居署.2006.贫民窟的挑战：全球人类住区报告2003[M].于静，斯淙曜，程鸿，译.北京：中国建筑工业出版社.335-341.

★ 联合国人居中心.1999.城市化的世界：全球人类住区报告1996[M].沈建国，于立，董立，等译.北京：中国建筑工业出版社.25，36，38，53，83，318.

★ 麦金托什 J，特维斯特 C，等.2006.文明的故事：10 000年人类文明发展史[M].徐群森，尚晓进，秦焰，译.海口：海南出版社.16，23，32，36-37，62，76，113，166，385，399，477.

★ 芒福德 L.2005.城市发展史：起源、演变和前景[M].宋俊岭，倪文彦，译.北京：中国建筑工业出版社.19，21，36，38，58-59，61-62，66，91，135-137，469，472，480，542.

★ 梅什科夫斯基 P.1996.城市经济学.范家骧，译.//伊特韦尔 J，米尔盖特 M，纽曼P，主编.新帕尔格雷夫经济学大辞典第4卷：Q-Z[M].北京：经济科学出版社.814.

★ 美国国际城市（县）管理协会，美国规划协会.2006.地方政府规划实践[M].张永刚，施源，陈贞，译.北京：中国建筑工业出版社.238.

★ 王晓毅，朱成堡.1996.中国乡村的民营企业与家族经济[M].太原：山西经济出版社.2，41-43，50，62，87，89，94，98，102，104，108，169.

★ 王旭.2003.美国城市化的历史解读[M].长沙：岳麓书社.7，17.

★ 萧耘春，主编.1997.苍南县志[M].杭州：浙江人民出版社.35.

★ 中国社会科学院语言研究所，主编.1983.现代汉语词典[M].第2版.北京：商务印书馆.138.

★ 邹军，王学锋，陈小卉，等主编.2005.都市圈规划[M].北京：中国建筑工业出版社.28.

★ Bernick M, Cervero R. 2001. Transit villages in the 21st century[M]. New York: McGraw–Hill.

★ Carter H.1983. An introduction to urban historical geography[M].London: Edward Arnold.

★ Diederiks H A. 1981. Foreword: patterns of urban growth since 1500, mainly in Western Europe[M] // Schmal H, ed. Patterns of European Urbanization since 1500. London: Croom Helm Ltd. 15.

★ Gottmann J.1961.Megalopolis: the urbanized Northeastern Seaboard of the United States[M]. New York: Twentieth Century Fund.

★ Gottmann J, Harper R A, eds. 1990. Since megalopolis: the urban writings of Jean Gottmann[M]. Baltimore: Johns Hopkins University Press.

★ Henderson J V, Wang H G. 2005. Aspects of the rural–urban transformation of countries[J]. Journal of Economic Geography, 5: 23–42.

★ Jacobs J. 1969. The economy of cities[M]. New York: Random House.

★ Lo Fu–chen, Salih K, Douglass M.1981. Rural–urban transformation in Asia[M]// Lo Fu–chen, ed. Rural–urban relations and regional development.Hong Kong: Maruzen.7–43.

★ Mumford L.1937.What is a city?[M]. Reprinted. // Richard T, LeGates, Frederic Stout,eds. 1996. The city reader. London: Routledge. 183–188.

★ Mumford L. 1961. The city in history: its origins,its transformations and its prospects[M]. New York: Harcourt, Brace & World, Inc.

★ Vries J de. 1981.Patterns of urbanization in pre–industrial Europe, 1500 —1800[M]// Schmal H, ed. Patterns of European urbanization since 1500. London: Croom Helm Ltd. 79–109.